Kristiane Müller

Einfach köstlich – Kuchen und Torten

So gelingt's – Hefeteig, Brandteig, Biskuit, Strudel und vieles mehr
Klassiker und Ausgefallenes – süß und pikant

CORMORAN

Abkürzungen:

EL	–	Eßlöffel
TL	–	Teelöffel
g	–	Gramm
kg	–	Kilogramm
l	–	Liter
cl	–	Zentiliter
ccm	–	Kubikzentimeter
	=	Milliliter
TK	–	Tiefkühl...
F.i.T.	–	Fett in der Trockenmasse

Folgende Organisationen bzw. Firmen danken wir für ihre Informationen bzw. für die Überlassung von Dekorations-, Back- und Hilfsmaterial:
CMA, Bonn
Kaiser-Backformen, Nassau/Lahn
Schwartau, Bad Schwartau

Für die freundliche Unterstützung danken wir der MAIZENA MARKENARTIKEL GmbH mit dem Mondamin Verbraucherservice. Mondamin, Mazola und Knorr sind eingetragene Warenzeichen der MAIZENA GESELLSCHAFT mbH.

Fotos: Walter Pfisterer, Bietigheim-Bissingen
Kurt und Jörg Sattelberger, Füssen, Seiten 52/52

Umschlaggestaltung:
Heinz Kraxenberger, München
Produktion: Manfred Metzger
Printed in Germany

ISBN 3-517-07968-5

Inhalt

Vorwort

Mit Freude backen

Kuchen backen macht Freude – Kuchen essen stimmt freundlich. Sie können sich nicht irren, die Kuchenbäcker in 70 Prozent der Haushaltungen in unserem Land, in denen regelmäßig selbstgebackener Kuchen auf den Tisch kommt.

Für alle, die gerne backen und gerne Kuchen, Torten, Plätzchen, Waffeln, Pizza und Wähen essen, habe ich dieses Buch geschrieben. Sie finden darin den Streuselkuchen ebenso wie meine Lieblingstorte, den Frankfurter Kranz, aber auch moderne Variationen altbekannten Gebäcks. Ich habe endlich das Rezept für den Aufläufer gefunden, den ich als Kind so gern in Altenburg gegessen habe. Frau Wagner verdanke ich das unübertroffene Rezept der Sächsischen Eierschecke, die ich etwas abgewandelt habe.

Ich habe hier meine schönsten Rezepte für Sie gesammelt und aufgeschrieben. Alle wurden von meiner Freundin Karin nochmals nachgebacken und probiert.

Sie müssen sich nicht sklavisch an die Rezepte halten: Ich backe gern mit Nüssen aller Art, wenn Sie das nicht mögen, lassen Sie die Nüsse fort, nehmen Sie statt dessen Schokostückchen. Mögen Sie keinen Puderzucker, dann verwenden Sie einen Schokoladenguß. Backen Sie doch einmal in einem Sandkuchen zwei ganze Bananen mit. Oder nehmen Sie Apfel- oder Birnenstückchen. Wenn Sie den Grundteig richtig gerührt, geschlagen oder geknetet haben, dann kann (fast) nichts mehr passieren.

Alles, was beim Backen beachtet werden muß, worauf bei den Zutaten zu achten ist, wie die einzelnen Grundteige hergestellt werden, steht in der Einführung. Die Rezepte des Buches sind in sechs Kapiteln zusammengefaßt. Es beginnt mit saftigen Obstkuchen. Im zweiten Kapitel finden Sie festliche Torten für jeden Anlaß. Es folgen einige besonders feine und edle Kleingebäcke fürs ganze Jahr. Wollen Sie einmal etwas anderes ausprobieren? Dann lesen Sie, was man aus Brand-, Plunder-, Blätter- und Strudelteig machen kann. Das fünfte Kapitel behandelt die schönsten Rühr- und Hefeteigzubereitungen. Das letzte Kapitel ist schließlich den herzhaften Pizzen, Wähen, Tartes und Quiches vorbehalten.

An dieser Stelle sei zu Ihrer Beruhigung gesagt, daß Kuchen und Torten nicht dicker machen als andere Lebensmittel. Auch hier gilt: die Menge macht's. Wenn Sie sich gesund ernähren, wenn täglich frischer Salat, viel Obst und Gemüse, Fleisch, Milch und Milchprodukte auf Ihrem Speiseplan stehen, dann dürfen Sie sich vom Kuchen ein großes Stück abschneiden. Außerdem sind im Kuchen gesunde Zutaten enthalten: Getreide, Eier, Milch, Sahne, Nüsse, Schokolade, Quark und Honig. Vor allem: Zucker macht das Leben süß!

Ich wünsche Ihnen viel Spaß beim Backen und guten Appetit beim Essen!

Eine kleine Einführung

Ohne Mehl kein Kuchen

Ohne Mehl kann man keine Kuchen, Torten und natürlich auch kein Brot backen – bis auf wenige Ausnahmen, bei denen der Teig aus Eiern, Zucker und gemahlenen Nüssen (als Mehlersatz) besteht.
Die wichtigsten bei uns verwendeten Getreidesorten sind Weizen, Roggen, Gerste und Hafer.
Nach dem Abernten des Getreides werden in den Mühlen die einzelnen Bestandteile des Korns – die unverdauliche Schale, der Keimling, die eiweiß- und vitaminreichen Randschichten und der stärkereiche Mehlkörper – voneinander getrennt.
Daß Mehl nicht gleich Mehl ist, sehen Sie daran, daß im Handel ab 1992 sechs verschiedene Weizenmehle angeboten werden. Sie haben folgende Typenbezeichnung 405, 550, 812, 1050, 1600, 1700 (Backschrot). Es gibt sechs Roggenmehle mit der Typenbezeichnung 815, 997, 1150, 1370, 1740 und 1800 (Backschrot). Die Weizenmehle mit der Typenbezeichnung 630, 1200 und 2000 sowie das Roggenmehl mit der Typenbezeichnung 610 sind nur noch bis Ende 1991 erhältlich. Ab 1992 gibt es außerdem Dinkelmehl mit der Typenbezeichnung 630, 812, und 1050. Die Bezeichnung Backschrot erhält Mehl dann, wenn es aus dem gewaschenen Korn gemahlen wurde, dem lediglich der Keim und die äußeren Schalenteile fehlen.
Die Typenbezeichnung beim Mehl gibt den Ausmahlungsgrad, d.h. den Gehalt an Mineralstoffen an. Beispiel: Weizenmehl Type 405 enthält 405 mg Mineralstoffe auf 100 g. Mehl der Type 1050 enthält bereits 1050 mg Mineralstoffe auf 100 g. Je höher die Typenzahl, desto mehr Mineralstoffe, Vitamine und Ballaststoffe sind also im Mehl enthalten.
Vollkornmehl und Vollkornschrot aus Weizen, Roggen und Dinkel müssen die gesamten Bestandteile der gereinigten Körner, einschließlich des Keimlings enthalten. Die Körner dürfen vor der Verarbeitung nur von der äußeren Fruchtschale befreit worden sein.
Für feine und lockere Kuchen und Torten verwenden Sie Weizenmehle der Typen 405 und 550. Wollen Sie mit Vollkornmehl backen? Dann versuchen Sie doch einmal bei Mürbe-, Hefe-, Brand-, Blätter-, Plunder-, Pizza- und Rührteig ein Viertel des Weizenmehls gegen Weizenvollkornmehl auszutauschen. Bedenken Sie, daß Vollkornmehl mehr Flüssigkeit (Wasser, Milch, Fett) braucht. Und Hefeteige müssen besonders gründlich geknetet und geschlagen werden.

Kuchen und Torten mit Speisestärke

Stärke zählt zu den wichtigsten Bestandteilen unserer Ernährung. In den Industrieländern liefert sie 50 bis 60% der Nahrungsenergie für den Menschen, in einigen Entwicklungsländern sogar bis zu 80 %.
Stärke ist das pflanzliche Kohlenhydrat, das in den Organen bestimmter

Pflanzen vorkommt und aus Glucoseeinheiten aufgebaut ist. Sie wird aus Mais, Weizen und Kartoffeln hergestellt und dient der Pflanze als jederzeit wieder mobilisierbare Energiereserve. Sie wird vorwiegend in den Samenkörnern (Mais, Weizen, Reis), Knollen (Kartoffeln), Wurzeln (Tapioka- oder Maniokwurzeln) und in Hülsenfrüchten abgelagert und gespeichert.
Speisestärke findet in der Küche vor allem Verwendung beim Binden von Flammeris, Obstgrützen, Tortencrèmes, Saucen und Suppen oder als Mehlersatz bei besonders feinem Gebäck.
Stärke läßt sich nicht in kaltem Wasser auflösen, erst beim Erhitzen mit Wasser oberhalb einer für jede Stärkeart typischen Temperatur tritt ein sogenanntes »Verkleistern« ein. Dieses Verhalten macht die Stärke als Dikkungs- und Bindemittel für die Ernährung fast unentbehrlich.
Maisstärke wie Mondamin ist – im Gegensatz zu Kartoffelstärke – gegenüber Säuren recht unempfindlich, weshalb sie auch gut zum Andicken von Fruchtsäften, Weinsaucen oder Zitronensaft geeignet ist. Da Mondamin über eine sehr gute Bindefähigkeit verfügt, genügen zum Binden von einem Liter Flüssigkeit 30 g Mondamin statt 50 g Mehl. Während mit Mehl gebundene Speisen 5–10 Minuten gekocht werden müssen, genügt bei der Verwendung von Mondamin als Bindemittel das einmalige Aufkochen.
Beim Backen ist Mehl die Hauptzutat – es besteht zum größten Teil aus Stärke. Der andere Hauptbestandteil des Mehls ist sein Eiweiß. Beim Kneten oder Rühren des Teigs entsteht aus dem Eiweißanteil des Mehls der Kleber. Mikroskopisch gesehen, durchzieht der Kleber in feinen Fäden den Teig. Durch die Hitze im Backofen wird der Kleber fest und die Stärke verkleistert. Kleberreiche Teige ergeben eher grobporiges bzw. elastisches Gebäck (Hefeteig, Strudelteig, Nudelteig).
Speisestärke wirkt zusammen mit dem Fett des Teigs der Kleberbildung entgegen: die fein verteilten Stärkekörner schieben sich zusammen mit dem Fett zwischen die Eiweißanteile, so daß der Kleber sein Fadennetz nicht gut bilden kann. Wird ein Teil des Mehls durch Speisestärke (z.B. Mondamin) ersetzt, enthält der Teig mehr Stärke und alle Zutaten werden feiner verteilt. Dadurch wird das fertige Gebäck sandig-mürbe, zarter und feinporiger.
Bei Kuchen, Torten und Kleingebäck kann – je nach Art des Teiges – ein Teil des Mehls durch Speisestärke ersetzt werden:

– bei Biskuitteig	50 bis 100 %
– bei Rührteig	25 bis 50 %
– bei Mürbteig	25 bis 30 %

Beim Umgang mit Speisestärke gibt es einiges zu beachten:
– sie wird immer mit kalter Flüssigkeit angerührt und unter Rühren in die kochende Flüssigkeit gegeben und kurz aufgekocht.
– Flammeris, Crèmes und Tortenfüllungen können nach dem Kochen wieder flüssig werden, wenn rohes Eigelb oder rohes Eiweiß nachträglich hinzugefügt wird. Diese Zutaten müssen entweder kurz mitgekocht oder in die kochendheiße Speise gerührt werden.
– eine Verflüssigung kann auch auftreten, wenn zum Probieren ein bereits benutzter Löffel genommen wird. Auch kleinste Speichelmengen enthalten stärkeabbauende Enzyme.
Speisestärke ist für die glutenfreie Ernährung bei Zöliakie bzw. einheimischer Sprue geeignet.

So gelingt's: die verschiedenen Kuchenteige

Wenn Sie im Kuchenbacken noch nicht sehr geübt sind, dann sollten Sie sich die Anleitungen für die einzelnen Teigzubereitungen genau durchlesen. Die Industrie hat verschiedene elektrische Geräte entwickelt, die die Teigzubereitung wesentlich erleichtern. Mit dem elektrischen Handrührgerät schlagen Sie die Butter schaumig, das Eiweiß steif und rühren leichte Teige. Mit Hilfe des Knethakens können Sie sowohl Hefeteige wie auch Mürbeteige kneten, allerdings muß die Butter weich sein. Die Ruhezeit im Kühlschrank erhöht sich dann um mindestens 30 Minuten. Ich finde jedoch, daß sich ein Mürbeteig sehr schnell mit den Händen arbeiten läßt. Auch einen Hefeteig knete ich am liebsten mit den Händen.
Wenn Sie über eine leistungsfähige Küchenmaschine verfügen, dann beachten Sie die Hinweise des Herstellers für die Zubereitung der verschie-

denen Teige. Mitunter brauchen Sie nur Sekunden oder wenige Minuten, bis der Teig fertig ist. Die Küchenmaschine nie länger als angegeben in Betrieb halten. Ein Rührteig, der zu lange in der Küchenmaschine gerührt wurde, ist nicht mehr zu gebrauchen.

Mürbeteig

Gebäck aus Mürbeteig, auch Mürb- oder Butterteig genannt, zergeht auf der Zunge. Der Teig ist schnell und leicht herzustellen.
Für süßes und pikantes Gebäck können Sie folgende Grundmischungen verwenden:

- Mischungsverhältnis 1 : 1
  (z. B. 200 g Butter, 200 g Mehl)
- Mischungsverhältnis 2 : 3
  (z. B. 200 g Butter, 300 g Mehl)
- Mischungsverhältnis 2 : 1
  (z. B. 200 g Mehl, 100 g Butter)

Beim zweiten Beispiel können Sie 1 Eigelb, beim dritten Beispiel 1 ganzes Ei hinzufügen. Wie die Eier macht auch der Zucker den Teig hart. Bei 200 g Butter reichen 60–70 g Zucker aus, bei 100 g Butter 30–40 g Zukker. Für pikantes Gebäck lassen sie den Zucker fort. Verwenden Sie dafür harten, geriebenen Käse oder fein gemahlene Nüsse. Auch bei süßem Gebäck können Sie einen Teil des Mehls durch gemahlene Nüsse ersetzen.
Mürbeteig können Sie mit abgeriebener Zitronen- oder Orangenschale und mit Vanillezucker aromatisieren. Mürbeteig wird manchmal mit Eiswasser, aber immer mit 1 Prise Salz hergestellt.

Den Teig können Sie mit der Hand, mit dem elektrischen Handrührgerät oder mit der Küchenmaschine kneten.
Mit der Hand: Das Mehl auf ein Backbrett oder in eine Schüssel geben. Darüber kommen in Flöckchen das sehr kalte Fett, das Salz sowie gegebenenfalls Zucker und Ei. Alles rasch zu einem glatten Teig verarbeiten.
Mit dem Handrührgerät: Alle Zutaten und das weiche Fett werden mit dem Knethaken auf der niedrigsten Schaltstufe verknetet.
Mit der Küchenmaschine: Alle Zutaten und das weiche Fett auf der niedrigsten Schaltstufe zu einem glatten Teig verarbeiten.
Mürbeteig muß mindestens 30 Minuten, am besten 1–2 Stunden, oder auch über Nacht, in Pergamentpapier gewickelt, im Kühlschrank ruhen.
Am leichtesten läßt sich der Teig ausrollen, wenn er 30 Minuten vorher aus dem Kühlschrank genommen wird. Zwischen zwei Bogen Klarsichtfolie ausrollen. Zuviel Mehl beim Ausrollen macht das Gebäck bröselig.

Ein Verbacken des Teiges verhindert, daß der saftige Belag den Mürbeteigboden aufweicht. Mürbeteig vor dem Backen mit einer Gabel mehrmals einstechen, damit die Luft entweichen kann und sich keine Blasen bilden. Der Teig kann vor dem Belegen mit Obst oder Gemüse auch mit Semmelbröseln oder fein gemahlenen Nüssen bestreut werden.

- Mürbeteig läßt sich bis zu 4 Monate einfrieren. Im Kühlschrank auftauen lassen, das dauert etwa 5 Stunden, dann ausrollen und weiterverarbeiten.
- Mürbeteiggebäck bei Zimmertemperatur 2–4 Stunden auftauen oder 15 Minuten im Backofen bei 170 Grad backen.
- Mürbeteigböden mit Obst und Guß eignen sich nicht zum Einfrieren.

Rührteig

Soll der Kuchen besonders locker werden, dann muß der Teig ausdauernd gerührt werden. Das ist an und für sich nicht schwer, und wenn die angegebene Reihenfolge eingehalten wird, kann nichts mehr schiefgehen.
Grundrezept Rührteig:
Auf vier Eier kommen je etwa 250 g Butter, Zucker und Mehl. Wie kein anderer Teig läßt der Rührteig alle möglichen Zutatenvariationen zu – er ist der Teig für Experimentierfreudige.
Die weiche Butter wird schaumig (oder wie manche auch sagen: cremig) gerührt. Dazu muß die Butter wirklich weich sein, aber nicht flüssig. Hilfreich ist eine angewärmte

Schüssel. Danach kommt der Zucker hinzu, der so lange mit der Butter gerührt wird, bis er sich gelöst hat. Es folgen nach und nach die zimmerwarmen Eier, dann die Gewürze. Das Mehl, die Speisestärke und das Backpulver (je nach Rezept) werden gemischt und in die Butter-Zucker-Eier-Masse gesiebt und untergerührt. Danach folgen je nach Rezept etwas Milch, Rum oder Zitronensaft und Gewürze. Danach sollte der Teig nicht länger bearbeitet werden. Der Rührteig ist richtig, wenn er schwerreißend vom Löffel fällt.
Zutaten wie Rosinen, Zitronat und Orangeat, Mandeln und Schokolade werden nur untergehoben: mit etwas Mehl bestäubt sinken sie beim Backen nicht auf den Boden.
Wird der Teig mit der Hand gerührt, so braucht man etwa 20–25 Minuten dazu. Mit dem elektrischen Handrührer verkürzt sich die Zeit auf 5–10 Minuten, in der Küchenmaschine geht's noch schneller. Beachten Sie dabei die Herstellerhinweise.

Den fertigen Teig sofort in eine gut gefettete Form geben, glattstreichen und backen. Empfehlenswert ist die Garprobe mit einem Holzstäbchen oder Schaschlikspieß. Klebt an dem Stäbchen kein Teig, ist der Kuchen gar.
Wie die meisten Teige, hat auch der Rührteig seine empfindliche Stelle: Er darf während des Backens nicht bewegt werden. Das heißt, die Kuchenform darf nicht gerührt oder gar gerüttelt werden.

- Rührteig kann in gefetteten Alu-Formen 2–3 Monate eingefroren werden. 3–4 Stunden bei Zimmertemperatur auftauen, dann backen.
- Rührkuchen kann bis zu 6 Monate eingefroren werden. 2–6 Stunden bei Zimmertemperatur auftauen oder 10 Minuten im Backofen bei 200 Grad.

Biskuitteig

Locker, leicht und luftig sind die Merkmale von Biskuitgebäck. Es besteht immer aus Eiern, die getrennt schaumig bzw. steif geschlagen werden, Zukker, Mehl und/oder Speisestärke und eventuell Backpulver. Zum Würzen eignen sich Salz, Vanillezucker, die abgeriebene Schale von Zitronen oder Orangen. Manchmal kommt auch Butter in den Teig, dadurch wird er gehaltvoller und intensiver im Geschmack. Kakao oder gemahlene Nüsse können einen Teil des Mehls ersetzen. Ein Eßlöffel Wasser ersetzt ein Ei.
Grundrezept Biskuit:
Die Hauptzutat für einen lockeren Teig sind Eier, deshalb ist der Anteil

auf die Gesamtmasse beim Biskuitteig relativ groß: Auf 6 Eier kommen je 150 g Mehl und Zucker und je nach Rezept bis zu 100 g Butter.
Damit das Backwerk gelingt, muß zügig gearbeitet werden. Das Eiweiß wird mit kaltem Wasser steif geschlagen. Anschließend den Zucker einrieseln lassen und kurz weiter schlagen. Die Masse muß sehr fest sein. Das Eigelb in einer kleinen Schüssel verrühren und unter das Eiweiß heben. Das Mehl, die Speisestärke und das Backpulver mischen und auf die schaumige Eimasse sieben, kurz unterheben und sofort in einer gut gefetteten Form, wobei meistens nur der Boden eingefettet wird, backen.
Wird der Biskuitteig mit Butter hergestellt, so wird die flüssige, aber abgekühlte Butter zum Schluß untergehoben.
Besonders leicht wird der Teig, wenn Eigelb und Zucker im Wasserbad schaumig gerührt werden. Die Eigelbmasse wird dann mit dem steif geschlagenen Eiweiß vermengt und zum

Schluß werden Mehl, Speisestärke und Backpulver darübergesiebt und untergehoben.

- Biskuitteig kann nicht eingefroren werden.
- Biskuitgebäck kann 3–4 Monate eingefroren werden. Biskuitrollen, deren Buttercrèmefüllung mit Speisestärke (Mondamin) verrührt wurde, können nicht eingefroren werden.
- Biskuitböden bei Zimmertemperatur in 2–4 Stunden auftauen oder bei 170 Grad 15 Minuten im Backofen, anschließend belegen.
- Biskuittorten bei Zimmertemperatur 3–4 Stunden auftauen.

Hefeteig

Hefe liebt es warm. Das heißt, alle Zutaten, einschließlich der Schüssel, sollten mindestens Zimmertemperatur haben. Das betrifft das Fett, die Eier, die Zusätze wie Rosinen, Zitronat, Kirschen usw. Die Milch oder das Wasser sollen jedoch handwarm, d. h. etwa 37 Grad warm sein. Erschrecken Sie den Hefeteig auch nicht mit eiskalten Händen. Damit das Gebäck locker wird, muß der gut geknetete Teig mindestens zweimal vor dem Backen bei 35–40 Grad ruhen. Dabei verdoppelt er sein Volumen. Das bessere Backergebnis erreichen Sie mit frischer Hefe. Verwenden Sie Trockenhefe nur in Ausnahmefällen.
Für das Ansetzen des Hefeteigs gibt es verschiedene Methoden. Sie können die Hefe in lauwarmem Wasser oder in lauwarmer Milch auflösen und

mit den restlichen Zutaten vermengen und gehen lassen.
Mit dem elektrischen Handrührgerät oder mit der Küchenmaschine können Sie alle Zutaten auf einmal verkneten, bis sich der Teig vom Schüsselrand löst. Die Hefe muß allerdings vorher in lauwarmer Flüssigkeit aufgelöst werden. Anschließend muß der Teig abgedeckt an einem warmen Ort 30–60 Minuten ruhen.
Das einfachste Hefegebäck besteht aus 1 kg Mehl, 1 TL Zucker, 1 Würfel Hefe, ½ l Milch und Salz.
Das Mehl in eine (nicht zu kalte) Schüssel sieben. Mit einem Kochlöffel in die Mitte eine Mulde drücken. Die Hefe hineinbröckeln. Mit einem Teelöffel Zucker bestreuen, das beschleunigt den Gärprozeß, der Hefe gehen läßt. Etwa 4–8 EL lauwarmes Wasser oder lauwarme Milch (je nach Rezept) mit der Hefe und etwas Mehl vom Rand zu einem Brei, dem sogenannten Vorteig, verrühren. Die Schüssel mit einem Küchentuch abdecken und an einem warmen Ort (auf oder neben der Heizung, im warmen Backofen) 10–15 Minuten gehen lassen. In einem Mikrowellengerät können Sie den Teig bei geringster Leistung 4–6 Minuten gehen lassen. Wählen Sie den Backofen, dann darf dieser nicht zu warm sein. Die Hefe braucht eine Temperatur zwischen 35 und 40 Grad. Darunter ist es ihr zu kalt und darüber zu warm. Ergebnis: Sie arbeitet nicht.
Da die Hefe nicht direkt mit Fett und Salz in Berührung kommen sollte, streuen Sie etwas Mehl über den Vorteig. Jetzt können Sie alle anderen Zutaten wie Fett (Butter oder Öl), Zucker, Salz, Gewürze, Eier, lauwarme Milch oder lauwarmes Wasser in die Schüssel geben. Die exakte Flüssigkeitsmenge läßt sich nicht genau angeben, weil sie je nach Ausmahlungsgrad des Mehls variiert. Es ist jedoch einfach, noch etwas Flüssigkeit nachzugießen, wenn der Teig zu trocken ist oder etwas Mehl hinzuzufügen, wenn der Teig noch klebt.
Der Hefeteig wird so lange geknetet und geschlagen, bis der Teig glänzt und elastisch ist. Das kann bis zu 10 Minuten dauern. Er darf nicht an der Schüssel, am Backbrett oder an den Händen kleben. Am besten arbeitet es sich auf einem leicht bemehlten Backbrett. Anschließend wird der Teig zur Kugel geformt, in eine bemehlte Schüssel gelegt, mit einem Tuch abgedeckt und etwa 30–60 Minuten zum Gehen an einen warmen Ort gestellt. Anschließend wird er wieder im warmen Raum ohne Zugluft und mit warmen Händen durchgeknetet und je

nach Rezept weiter verarbeitet. Dieser Vorgang sollte nicht zu lange dauern, sonst wird der Teig grau.
Danach sollte der Hefeteig nochmals etwa 10 Minuten gehen, bevor er im vorgeheizten Ofen gebacken wird.
Hefeteig können Sie auch einen Tag vorher zubereiten, kühl stellen (jetzt ruht die Hefe) und am nächsten Tag durchkneten und gehen lassen.

- Hefeteig kann bis zu 3 Monate eingefroren werden. Nehmen Sie etwas mehr Hefe und etwas mehr Zucker. Bei Zimmertemperatur auftauen und gehen lassen. Durchkneten und nochmals gehen lassen. Weiterverarbeiten und backen.
- Trockenen Hefekuchen und Hefekleingebäck können Sie ohne Guß bis zu 4 Monate einfrieren. Bei Zimmertemperatur 1–3 Stunden auftauen lassen, bei 200 Grad im Backofen 10 Minuten aufbacken.
- Hefekuchen mit Pflaumen oder Äpfeln läßt sich bis zu 6 Wochen einfrieren. Hat der Hefekuchen einen Quarkguß, so kann er nur eingefroren werden, wenn keine Speisestärke (Mondamin) verwendet wurde. Stattdessen Quark mit Grieß verrühren.
- Hefekuchen mit pikantem Belag (Zwiebelkuchen, Pizza usw.) läßt sich bis zu 8 Wochen einfrieren. Im Backofen bei 200 Grad 10–15 Minuten aufbacken.

Blätterteig

Es erfordert schon etwas Zeit, einen guten Blätterteig selber herzustellen, aber es lohnt sich. Sie benötigen klebereiches, griffiges Mehl und eine nicht zu wasserhaltige Butter.
Blätterteig liebt es kalt! Der Arbeitsraum wie auch die Arbeitsplatte (am besten eignet sich Marmor) dürfen also nicht warm sein.
Das Grundrezept: 250 g Mehl, ⅛ l Wasser, 1 kräftige Prise Salz, 250 g kalte Butter. Mehl, Wasser und Salz zu einem glatten Teig verarbeiten, 15–30 Minuten (je länger desto besser) kühl stellen. Die Butter zwischen Klarsichtfolie 1cm dick zu einem Rechteck ausrollen, kühl stellen. Sie können aber auch die Butter mit 50 g Mehl verkneten und dann ausrollen. Der Teig wird in diesem Fall mit 200 g Mehl geknetet. Auch umgekehrt wird's ein guter Blätterteig: Den Teig mit 50 g Butter herstellen, und nur 200 g Butter ausrollen.
Den Teig auf einer kühlen, leicht bemehlten Arbeitsplatte zu einem Rechteck, doppelt so groß wie das Butterstück, ausrollen. Überschüssiges Mehl immer mit einem Backpinsel entfernen. Die ausgerollte Butter auf eine Hälfte des Teigs legen, die andere Hälfte darüberklappen. Jetzt haben Sie ein Rechteck vor sich, das Sie nur in eine Richtung auf die doppelte Länge ausrollen. Schlagen Sie jetzt den Teig von den schmalen Seiten her so übereinander, daß drei Teigschichten übereinander liegen. Den Teig mindestens 15, besser 30 Minuten kühl stellen. Anschließend wieder nur in einer Richtung, nämlich zu den beiden offenen Seiten hin ausrollen. Die schmalen Enden wieder so zur Mitte hin einklappen, daß drei Teigschichten übereinander liegen, kühl stellen. Diesen Vorgang fünf- oder sechsmal wiederholen. Vor der weiteren Verarbeitung muß der Teig nochmals kühl gestellt werden. Blätterteig nicht kneten!
Blätterteig kann süß oder pikant gefüllt oder belegt werden. Beim Ausstechen ist darauf zu achten, daß die Ausstechformen (oder das Messer) scharf sind; der Teig sollte nicht zusammengedrückt werden. Wird das Gebäck mit Milch und/oder Eigelb vor dem Backen bestrichen, müssen die Ränder frei bleiben, sonst kann der Blätterteig sich nicht entfalten.
Wird der Blätterteig zum Einhüllen (beispielsweise für Wurst oder Pasteten) genommen, empfiehlt es sich, den Teig bei kleineren Gebäckstücken mit einer Gabel mehrmals einzustechen. Bei einer größeren Pastete in die Mitte ein Loch schneiden. Aus Papier einen Schornstein rollen, in das Loch einführen. So können Luft und Dampf entweichen, und der Teig reißt nicht.

Gebacken wird entweder auf angefeuchtetem Blech oder auf Backpapier, und zwar bei hohen Temperaturen. Den Backofen während der ersten 15 Minuten nicht öffnen!

- Blätterteig kann bis zu 8 Wochen eingefroren werden. Sie können ihn auch erst ausrollen und in Platten (Klarsichtfolie dazwischen legen) einfrieren. Bei Zimmertemperatur werden die einzelnen Platten in 10–20 Minuten aufgetaut, dann weiterverarbeitet.
- Blätterteiggebäck kann bis zu 4 Monate eingefroren werden. Im Backofen bei 220 Grad 8–12 Minuten aufbacken.
- Blätterteiggebäck erst nach dem Auftauen und Aufbacken mit einem Guß überziehen.

Plunderteig

Wer sich unter diesem Wort nicht viel vorstellen kann, dem sei der fachlich richtige Namen verraten: Hefe-Blätterteig. Hier wird nämlich die Butter in einen Hefeteig eingearbeitet.

Zuerst wird ein Hefeteig aus 400 g gesiebtem Mehl, 1 Würfel Hefe, 1 TL Zucker, ⅛ l lauwarmer Milch, 1 Prise Salz, 2 Eigelb, 60 g Zucker und 70 g Butter hergestellt (s. S. 11). Den Hefeteig 15 Minuten gehen lassen, dann kühl stellen. 200 g kalte Butter mit 50 g Mehl verkneten und zu einem 1 cm dicken Rechteck ausrollen, kühl stellen.

Hefeteig ausrollen, Butterstück einschlagen, kühl stellen, ausrollen, zusammenlegen usw.

Vor der Weiterverarbeitung sollte der Plunderteig nochmals 30 Minuten kühl gestellt werden. Vor dem Backen muß auch das geformte Gebäck nochmals 30 Minuten kühl gestellt werden. Anschließend im vorgeheizten Backofen bei 200–220 Grad backen.

Wenn Sie Plundergebäck beispielsweise mit einer Marzipan- oder Nußfüllung herstellen, dann können Sie den Hefeteig auch weniger gehaltvoll zubereiten. Die Zugabe von Eigelb ist nicht notwendig. Auch können Sie die Fettzugabe reduzieren. Dafür erhöht sich die Flüssigkeitsmenge. Wichtig ist, daß der Hefeteig gründlich geknetet wird, bis er glänzt und elastisch ist.

- Plunderteig können Sie bis zu 8 Wochen einfrieren. Bei Zimmertemperatur 1–3 Stunden auftauen, dann weiterarbeiten und backen.
- Plundergebäck (ohne Guß) kann bis zu 4 Monate eingefroren werden. Im Backofen bei 200 Grad 10–15 Minuten aufbacken.

Für einen Quark-Blätterteig verkneten Sie 250 g gesiebtes Mehl mit 2 gestrichenen TL Backpulver, 250 g abgetropften Schichtkäse und 250 g kalter Butter. Den Teig 30 Minuten kühl stellen und dann weiter bearbeiten wie Blätterteig.

Strudelteig

Die Österreicher sind Meister im Strudel backen. Er wird mit Äpfeln und Nüssen gefüllt, mit Weißkraut und Speck oder auch mit süßem Quark.

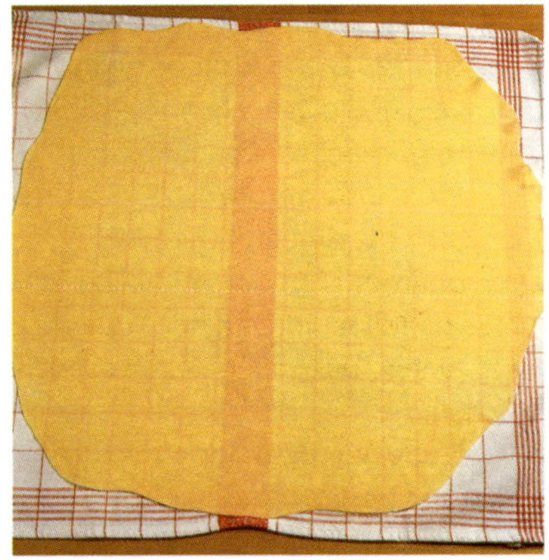

Das wichtigste beim Strudel ist, daß er wirklich papierdünn ausgerollt und gezogen wird.

Zutaten: 250 g Mehl, 3–4 EL Keimöl (z. B. Mazola) oder die entsprechende Menge flüssige, abgekühlte Butter, 1 kräftige Prise Salz und knapp ⅛ l lauwarmes Wasser. Sie können aber auch ein kleines, verquirltes Ei und dafür etwas weniger Keimöl oder Butter verwenden. Geben Sie das Mehl auf ein Backbrett oder in eine Schüssel, drücken Sie in die Mitte eine Mulde für die restlichen Zutaten und kneten, schlagen und falten Sie den Teig solange, bis er glänzt und elastisch ist. Das kann 10 Minuten dauern. Anschließend muß die Teigkugel mindestens 30 Minuten unter einer warmen Schüssel ruhen.

Den Teig auf einem großen, leicht bemehlten Tuch ausrollen und mit etwas Keimöl oder flüssiger Butter bestreichen. Das geht am besten mit einem Backpinsel. Anschließend wird der Teig mit leicht öligen Händen (am besten mit den Handrücken) von der Mit-

te her nach außen gezogen bis er papierdünn ist. Dicke Ränder abschneiden. Damit die feuchte Füllung nicht den Teig durchweicht, empfiehlt es sich, ihn mit Semmelbröseln oder gemahlenen Nüssen zu bestreuen.
Den gefüllten Strudel mit Hilfe des Tuchs aufrollen und mit der Nahtstelle nach unten auf ein gefettetes Backblech (oder auf Backpapier) setzen. Den Strudel vor dem Backen mit flüssiger Butter bestreichen.

- Strudelteig nicht einfrieren.
- Fertig gebackene Strudel können bis zu 3 Monate eingefroren werden. Im Backofen bei 200 Grad 10–15 Minuten aufbacken.
- Beim Quarkstrudel die Speisestärke durch Grieß ersetzen. Kartoffelstrudel nicht einfrieren.

Brandteig

Wie der Name schon verrät – hier wird etwas gebrannt, und zwar das Mehl. Auch wenn der Fachmann von Brandmasse spricht, bleiben wir bei dem volkstümlichen Ausdruck Brandteig.
Grundrezept Brandteig:
Auf 4 Eier rechnet man 150 g Mehl, 60 g Butter, ¼ l Wasser und eine Prise Salz.
Und so gelingt's: Wasser mit Butter (oder Keimöl, z. B. Mazola) aufkochen. Mit 1 Prise Salz und bei süßem Gebäck eventuell mit 1 TL Zucker würzen. Das Mehl auf einmal in den Topf kippen und so lange auf kleiner Flamme weiterrühren, bis sich am Topfboden ein weißer Belag gebildet hat.

Den abgebrannten Teig in eine Schüssel geben, ein Ei sofort unterrühren. Den Teig etwas abkühlen lassen und nach und nach die anderen Eier hinzufügen. Der Brandteig ist richtig, wenn seine Oberfläche glänzt, und wenn sich beim Anheben des Rührlöffels lange Spitzen bilden.
Brandteig kann auch mit Milch zubereitet werden. 20% des Mehls können durch Speisestärke oder durch feines Grünkernmehl ersetzt werden. Wer befürchtet, daß der Teig nicht richtig aufgeht, mischt das Mehl mit etwas Backpulver.
Der Brandteig kann sofort oder nach einer kurzen Ruhepause von 30 Minuten weiterverarbeitet werden. Er ist danach leichter formbar. Den Brandteig mit kleinen Löffeln oder mit einem Spritzbeutel nicht zu dicht aufs Backblech setzen oder spritzen. Die Teigstücke können im Backofen oder auch in der Friteuse gebacken werden.
Der Backofen darf in den ersten 20 Minuten überhaupt nicht geöffnet werden. Das Gebäck würde durch die Zugluft sofort zusammenfallen. Soll es weiter verarbeitet werden, das fertige Gebäck sofort mit einem scharfen Messer oder einer Schere auseinanderschneiden, damit die heiße Luft entweichen kann.
Gebäck aus Brandteig immer am selben Tag verzehren.

- Brandteig läßt sich nicht einfrieren.
- Fertiggebackene Windbeutel aufschneiden, abkühlen lassen. Sie lassen sich bis zu 5 Monate einfrieren. Bei Zimmertemperatur 30 Minuten auftauen lassen, dann füllen.
- Fettgebackenes wie Spritzgebäck kann abgekühlt einzeln vorgefroren, dann verpackt, bis zu 3 Monate eingefroren werden. Bei Zimmertemperatur 2–3 Stunden auftauen lassen. Anschließend mit einem Guß überziehen oder mit Puderzucker bestäuben.

Der Backofen

Ich möchte nicht behaupten, daß in jedem Haushalt ein anderer Backofen steht. Sicher ist jedoch, daß es ganz unterschiedlich beheizte Backöfen gibt. Richten Sie sich immer nach den Hinweisen des Geräteherstellers.
Bei älteren Modellen können Ober- und Unterhitze getrennt eingeschaltet werden. Die modernen Umluftöfen arbeiten mit Ober- und Unterhitze oder nur mit Umluft. Sie erreichen schnell, nicht zuletzt durch speziell ausgerüstete Backofeninnenwände, die gewünschte Temperatur. Ein Thermostat sorgt dafür, daß die einmal eingestellte Temperatur auch gehalten wird.

Viele Backöfen der neuen Generation besitzen darüber hinaus eine integrierte Mikrowelle. Durch Zuschaltung kann die Backzeit bis zu 50% reduziert werden.
Wer gerne und viel backt, der braucht dazu auch einen guten Backofen.
Stellen Sie fest, daß der Herd eine einmal eingestellte Temperatur nicht halten kann, schließt die Tür nicht mehr richtig, ist der Blechkuchen auf der einen Seite schon halb verbrannt und auf der anderen noch nicht einmal durch, dann ist es Zeit, sich nach einem neuen Herd umzusehen. Leider gilt hier, daß Gutes auch teuer ist.
Wenn Ihnen Ihr Backofen noch nicht vertraut ist, wählen Sie immer zuerst die niedrigere Temperatur. Es ist einfacher, den Kuchen – falls er noch nicht gar ist – weitere 5–10 Minuten zu backen als einen verbrannten Kuchen zu »reparieren«.
Richten Sie sich immer nach den Anweisungen Ihres Geräteherstellers.
In dem Begleitbuch zum Herd finden Sie für alle Gebäckarten die richtige Temperatur, die Backdauer sowie den Hinweis, auf welcher Stufe gebacken werden soll.
Experten haben festgestellt, daß die Backdauer bei (beispielsweise eingestellten) 200 Grad bis zu 35 Prozent länger oder kürzer sein kann – je nach dem wie alt der Herd und wie gut sein Zustand ist.
Schauen Sie deshalb nach etwa drei Viertel der Backzeit nach Ihrem Kuchen.
Ist die Oberfläche schon dunkel, dann decken Sie den Kuchen mit Pergamentpapier ab. Prüfen Sie auf jeden Fall den Kuchen mit einem Holzstäbchen (oder ähnlichem), das Sie in die höchste Stelle bis fast auf den Boden einstechen. Klebt noch Teig an dem Stäbchen, ist der Kuchen noch nicht fertig. Ist das Stäbchen trocken, dann können Sie den Kuchen aus dem Ofen nehmen.
Bei der klassischen Beheizung mit Ober- und Unterhitze gelingen am besten Hefestücke, lockere Biskuittorten und knusprige Brote. Die Wärme wird von oben und unten durch Strahlung an den Kuchen abgegeben.
Bei der Beheizung mit Umluft wälzt das Gebläse an der Rückwand des Backofens die Ober- und Unterhitze ständig im Backofen um. Weil die Wärme bei dieser Heizart gleichmäßig verteilt wird, ist es möglich, auf zwei Ebenen zu backen (beispielweise zwei Backbleche mit Plätzchen). Allerdings sollte das untere Blech 5 Minuten früher in den Ofen geschoben werden.
Wenn Sie mit Umluft backen, dann können Sie die Backofen-Temperatur um 20–40 Prozent niedriger einstellen als bei der klassischen Beheizung. Beachten Sie die Hinweise des Geräteherstellers.
Leichte und empfindliche Teige wie Biskuitteig, geformtes Hefegebäck, Quarkkuchen nur mit Ober- und Unterhitze backen, weil die im Backofen herumwirbelnde Luft die Oberfläche des Gebäcks relativ rasch fest werden läßt, wodurch die Feuchtigkeit im Innern des Gebäcks nicht verdunsten kann. Diese Eigenschaft macht andererseits das Backen von saftigem Obstkuchen im Umluftherd so einfach: die Feuchtigkeit des Belags verdunstet rasch.
Im Umluftherd können Sie einen Hefeteig, abgedeckt in einer Schüssel, gut gehen lassen.
Umluftbacköfen müssen nicht vorgeheizt werden. Allerdings verlängert sich dadurch die Backzeit je nach Herd um 5–15 Minuten. Ich schlage vor, den Backofen immer 5–10 Minuten vorzuheizen. Teige, die steif geschlagenes Eiweiß enthalten wie Biskuit-, Quark- und Nußkuchen, müssen immer in vorgeheizte Backöfen geschoben werden.
Im Gasbackofen wird die Wärme durch ein Brennersystem erzeugt. Die einmal eingestellte Temperatur wird über einen Thermostat geregelt.
Im Elektro-Backofen entspricht

Stufe 1	160 Grad
Stufe 2	180 Grad
Stufe 3	200 Grad
Stufe 4	220 Grad
Stufe 5	240 Grad

Flaches Gebäck wird meist zwischen 200 und 220 Grad (Gas Stufe 3–4) gebacken, halbhohes oder hohes Gebäck meist zwischen 180 und 200 Grad (Gas Stufe 2–3).
Wenn Ihr Gerätehersteller nichts anderes sagt, dann backen Sie halbhohes und hohes Gebäck auf der ersten Stufe von unten. Das trifft zu auf Napf- und Kastenkuchen, auf Spring- und Kranzformen. Bei Umluft wird meist die zweite Stufe von unten gewählt. Flaches Gebäck wie Plätzchen, Tortenböden und Plattenkuchen stellen Sie auf die zweite Stufe von unten.

Soll Ihre Pizza einen besonders knusprigen Boden bekommen, dann stellen Sie das Blech die letzten 10 Minuten direkt auf den Boden des Backofens.

Die Backformen

Damit der Kuchenteig nicht auseinanderläuft, wird er in eine Form gegeben. Backformen werden aus verschiedenen Materialien hergestellt.
Es gibt :
- Formen aus hitzebeständigem Glas
- Formen aus Keramik
- Kupfer-Formen
- Weißblech-Formen
- Schwarzlackierte Formen
- Schwarzblech-Formen
- Formen mit Antihaft-Beschichtungen

Eine gute Backform mit hoher Antihaft-Wirkung, guten Bräunungseigenschaften und schnittfestem Boden ist teuer, sie hält jedoch ein ganzes Back-Leben und liefert ein gleichbleibend gutes Backergebnis.

In Backformen aus hitzebeständigem *Glas* backen Sie Ihren Kuchen am besten im Umluftherd, das trifft ebenso auf Formen aus Weißblech und Keramik zu.

Weil *Keramik* die Wärme nicht so gut leitet wie Metall, müssen Sie Ihren Kuchen auf niedriger Stufe länger backen als in Metallformen. Backen Sie in einer Form aus *Kupfer*, dann ist der Kuchen schneller gar, weil Kupfer die Wärme sehr gut leitet.

Weißblech-Formen sind preiswert. Das helle, glänzende Metall wirft die Wärmestrahlung zurück, weshalb der Kuchen heller bleibt als in einer Schwarzblech-Form. Weißblech-Formen sind für alle Gas- und Elektro-Herde geeignet, sie sind meist kratz- und schnittfest, die Backzeit ist normal. Aber Weißblech-Formen können rosten, sind nicht säurebeständig und verlangen viel Erfahrung beim Herauslösen des fertigen Kuchens.

Für bestimmte Back-Ereignisse bietet der Handel sogenannte crazy-Formen für verrückte Backideen an: Ob Jeep, Katze oder Weihnachtsmann, diese Formen sind meist aus Aluminium. Der Kuchen bräunt in diesen Formen nicht sehr gut, die Antihaft-Wirkung ist gut bis befriedigend. Das Material ist nicht schnittfest.

Schwarzlackierte Formen haben eine um etwa 10 Prozent niedrigere Backzeit als Weißblech-Formen. Sie weisen eine hohe Wärmeleitfähigkeit auf. Das Gebäck wird gut und gleichmäßig gebräunt. Die Antihaft-Wirkung ist befriedigend. Sie sind nicht kratzfest und nur bedingt säurebeständig. Mit ihnen kann sowohl in Gas- wie auch in Elektro-Herden gebacken werden.

Schwarzblech-Formen sind aus Weißblech, das einer Spezialbehandlung unterworfen wurde, wodurch es seine dunkle Farbe annimmt, die die Strahlungswärme schnell aufnimmt und ans Backgut weitergibt. Schwarzblech-Formen sind gut geeignet für knuspriges Gebäck (Pizze, Tortenböden). Sie sind nicht säurebeständig und nicht kratzfest. Die Antihaftwirkung ist gut.

Grundsätzlich gilt:
helle Form für leichte Teige,
dunkle Form für schwere Teige.

Formen mit *Antihaft-Beschichtungen:* Die modernsten Backformen, die heute im Handel angeboten werden, bestehen aus Feinblech unterschiedlicher Stärke. Ihre Vorzüge sind verschiedene Beschichtungen, die eine hervorragende Antihaftwirkung aufweisen. Aufgrund des gut leitenden Materials ist die Backzeit geringer, wodurch sich der Energieverbrauch reduziert, die Bräunung ist gleichmäßig. Die besten Backformen haben schnitt- und kratzfeste Böden. Die Formen sind säurebeständig. Die verschiedenen Beschichtungen sind von den deutschen und europäischen Gesundheitsbehörden zugelassen. Sie sind für Gas- und Elektro-Herde geeignet. Bestimmte Fabrikate (beispielsweise La Forme von Kaiser) sind für kombinierte Backöfen mit Mikrowelle geeignet. Beachten Sie immer die Hinweise des Geräteherstellers.

In Stichworten noch einige Punkte, die Sie beachten sollten:
- Alle Backformen immer mit weicher Butter oder Margarine (kein Öl) einfetten. Damit sich das Fett nicht mit dem Teig mischt, ist es ratsam, die eingefetteten Formen kurz kühl zu stellen.

– Bei Formen, deren Antihaftwirkung schlecht oder Ihnen noch nicht bekannt ist, streuen Sie die eingefettete Form mit Semmelbröseln, Zwiebackmehl, gemahlenen Nüssen, Grieß oder Mehl aus.
– Stellen Sie die Backformen immer auf den Rost, nie auf ein Backblech.
– Backbleche legen Sie am besten mit Backpapier aus. Das verlangt kein Einfetten. Der Kuchen ist leicht zu lösen, das Blech kaum verschmutzt.
– Alu-Folie ist nicht für den Backofen geeignet. Ausgenommen speziell fürs Backen angebotene Alu-Formen.
– Lassen Sie den Kuchen in der Form immer einige Minuten ruhen. Das Teigvolumen wird reduziert. Der Kuchen löst sich leichter aus der Form.
– Versuchen Sie nie mit scharfen Gegenständen den Kuchen aus der Form zu lösen. Benutzen Sie einen Teigschaber oder eine Gummispachtel.
– Backformen nie in der Spülmaschine reinigen.
– Backformen sofort nach dem Bakken mit heißen Wasser und, wenn erforderlich, mit wenig Spülmittel säubern. Keinen Scheuersand oder ähnlich scharfe Putzmittel benutzen.

So lange bleibt Kuchen frisch

Kuchen, Torten – überhaupt alles Gebackene – schmeckt am allerbesten frisch! Trotzdem muß man wissen, wie lange und wo das Gebäck aufgehoben werden kann, das nicht am gleichen Tag gegessen wird.
Kuchen und Torten mit schnell verderblichen Belägen oder Füllungen (Obst, Crème, Quark) können bis zu zwei Tagen im Kühlschrank aufgehoben werden.
Trockenes Gebäck wie Streuselkuchen, Gugelhupf und Speckkuchen können Sie in Klarsichtfolie außerhalb des Kühlschranks bis zu zwei Tage aufheben und bei Bedarf im warmen Backofen kurz »auffrischen«.
Kleingebäck luftdicht in Dosen bis zu vier Wochen aufbewahren.
Spezielles Gebäck wie Linzer Torte, Früchtebrot, Stollen, die erst einige Wochen ruhen müssen, bevor sie angeschnitten werden dürfen, am besten in Klarsichtfolie oder Alu-Folie einpacken und kühl lagern.
Trockenes Gebäck können Sie noch warm und luftdicht verpackt für einige Monate einfrieren. So können Sie beispielsweise, wenn Sie einmal Lust haben, verschiedene Plätzchen (auch außerhalb der Weihnachtszeit) bakken und danach einfrieren. Sie lassen sich schnell einzeln entnehmen und sind in 30 Minuten verzehrbereit. Butterplätzchen schmecken dann immer wie frisch gebacken. Mit Buttercrème gefüllte Torten können ebenfalls eingefroren werden. Wie bei der Quarktorte dürfen auch hier die Crèmes nicht mit Speisestärke angerührt sein.
Kuchen und Torten nie mit Guß einfrieren, das Gebäck erst nach dem Auftauen fertigstellen.
In dem Kapitel über die verschiedenen Teigzubereitungen (s. S. 8) habe ich angegeben, welcher Teig und welche Kuchen eingefroren werden können. Das Einfrieren von fertig gebackenen Kuchen erleichtert Ihnen die Arbeit bei größeren Festen: Den Biskuitboden für die Mokkacrèmetorte und den Rührteig für den Frankfurter Kranz können Sie Wochen vorher backen, einfrieren und einen Tag vor dem Verzehr auftauen und füllen.

Saftige Obstkuchen

Mandarinentorte

Für den Teig:
120 g Butter
110 g Zucker
3 Eier (Gew.-Kl. 2)
1 Prise Salz
70 g Mehl
30 g Speisestärke (Mondamin)
1 ½ gestrichene TL Backpulver
20 g fein gemahlene Mandeln
1 unbehandelte Orange

Für die Füllung:
3– 4 EL bittere Orangenmarmelade
2 EL Orangenlikör (Cointreau)

4– 5 kernlose Mandarinen
⅛ l frisch gepreßter Orangensaft
⅛ l Weißwein (oder Wasser)
2 EL Zucker
1 Päckchen klarer Tortenguß
40 g gehackte Mandeln
25 g gehackte Pistazien

Die Butter und den Zucker schaumig schlagen, ein ganzes Ei dazugeben, die beiden anderen Eier trennen. Das Eiweiß mit einer Prise Salz steif schlagen und beiseite stellen. Die beiden Eigelb mit der schaumigen Butter vermengen. Das Mehl mit dem Mondamin und dem Backpulver mischen, mit den Mandeln zum Teig geben. Die Orange heiß abwaschen und etwas Schale für den Teig abreiben, die restliche Orangenschale mit einem scharfen Messer in sehr dünnen Streifen abschälen, diese Stücke wiederum in ganz schmale Streifen schneiden, oder Schale mit einem Zestenreißer in feinen Streifen abhobeln. Die Orangenschalenstreifen in wenig Wasser

10 Minuten leise köcheln lassen, beiseite stellen. Zum Schluß das Eiweiß unter den Teig heben.
Eine Viereckform (oder eine Springform) mit Backpapier auslegen. Gut zwei Eßlöffel Teig auf dem Papier glattstreichen. Im vorgeheizten Backofen bei 180–200 Grad (Gas Stufe 2–3) 8 bis 10 Minuten backen. Inzwischen die Orangenmarmelade mit dem Cointreau verrühren. Mit Hilfe eines Backpinsels etwas Marmelade auf den gebackenen Boden streichen und wieder gut zwei Eßlöffel Teig darüberstreichen und 8 Minuten backen, mit Marmelade bestreichen usw. bis der Teig aufgebraucht ist. Auch die letzte gebackene Schicht mit Marmelade bestreichen.
Den Kuchen zum Auskühlen auf ein Kuchengitter stürzen. Die Mandarinen schälen und dicht nebeneinander auf den Tortenboden legen. Darüber die gekochten Orangenschalenstreifen streuen. Aus dem Orangensaft, dem Wein und dem Zucker einen Tortenguß nach Packungsanweisung kochen und leicht abkühlen lassen. Den Guß eßlöffelweise über das Obst verteilen. Die Mandeln in einer Pfanne ohne Fett goldgelb rösten. Den restlichen Tortenguß auf die Kuchenränder auftragen (mit einem Löffel oder mit dem Backpinsel), den unteren Teil des Kuchens mit den gehackten Pistazien belegen, den Rest der Ränder mit den gerösteten Mandeln garnieren.
Die Mandarinentorte vor dem Servieren mindestens 1 Stunde kühl stellen.

Foto links

Exotische Obsttorte

Für den Mürbeteig:
100 g Mehl
50 g Speisestärke (Mondamin)
75 g kalte Butter
50 g Puderzucker
1 Prise Salz
1 Eigelb

Butter für die Form
60 g Orangenmarmelade

Für den Biskuitteig:
1 Ei (Gew.-Kl. 2)
1 EL kaltes Wasser
40 g Zucker
1 Päckchen Vanillezucker
20 g Mehl
20 g Speisestärke (Mondamin)
½ gestrichener TL Backpulver
Butter für die Form

Für die Crème:
½ l Milch
40 g Speisestärke (Mondamin)
40 g Zucker
1 Päckchen echter Vanillezucker
1 Limette (Schale)

Für den Belag:
1 Sternfrucht (Karambole)
2 Kiwi
1 rote Grapefruit (Pampelmuse)
1 Banane
1 reife Mango

Für den Guß:
2 EL Zucker
1 Päckchen klarer Tortenguß
Limetten- und Grapefruitsaft
etwas Wasser

Für den Mürbeteig alle Zutaten schnell miteinander verkneten und für 1 Stunde kühl stellen. Anschließend zwischen Klarsichtfolie ausrollen. Eine Springform (Durchmesser 26 cm) leicht einfetten und die Teigplatte hineingeben. Im vorgeheizten Backofen auf der untersten Stufe bei 200 Grad, Umluft 180 Grad (Gas Stufe 3) 10–12 Minuten backen.
Auf ein Kuchengitter stürzen und abkühlen lassen.
Für die Biskuitmasse das Ei mit dem Wasser, dem Zucker und dem Vanillezucker cremig aufschlagen. Das Mehl mit der Speisestärke und dem Backpulver mischen, auf die Eiermasse sieben und unterheben. Den Boden der Springform leicht einfetten, den Teig einfüllen. Den Biskuitboden auf der untersten Stufe im vorgeheizten Backofen bei 200 Grad (Gas Stufe 3) 10–12 Minuten backen. In der Form etwas abkühlen lassen, dann auf ein Kuchengitter stürzen.
Den Mürbeteigboden auf eine Platte setzen und mit der Orangenmarmelade bestreichen, den abgekühlten Biskuitboden darüber leicht andrücken.
Von der kalten Milch 8 EL abnehmen und die Speisestärke damit anrühren. Die restliche Milch zum Kochen bringen, Zucker, Vanillezucker und das angerührte Mondamin dazugeben. Einmal aufkochen lassen. Die Limette heiß abwaschen, trocknen und die Schale fein in die Crème reiben, die Limette ausdrücken und den Saft für den Guß beiseite stellen. Die Crème abkühlen lassen, dann auf den Biskuitboden streichen
Die gewaschene Sternfrucht in dünne Scheiben schneiden. Die Kiwi dünn schälen, ebenfalls in Scheiben schneiden. Die Grapefruit gut schälen (es darf keine weiße Haut an der Frucht bleiben). Mit einem scharfen Messer filetieren (das Messer dicht an den Trennwänden vorbeiführen), den dabei anfallenden Saft auffangen und für den Guß beiseite stellen. Die geschälte Banane schräg in Scheiben schneiden. Die Mango in dicken Spalten vom Stein schneiden, schälen und in dünne Spalten schneiden. Die Früchte auf der Limettencrème dekorativ verteilen.
Limetten- und Grapefruitsaft mit Wasser auffüllen – Sie benötigen ¼ l Flüssigkeit. Zusammen mit dem Zucker und dem Tortenguß nach Packungsanweisung einen Guß herstellen, kurz abkühlen lassen und löffelweise über die Früchte verteilen.

Foto auf dem Einband

Bunte Pfirsichtorte

Für den Teig:
200 g weiche Butter
160 g Zucker
4 Eier (Gew.-Kl. 2)
1 Prise Salz
3 EL Pfirsichlikör
2 Päckchen Vanillezucker
125 g gemahlene Mandeln
100 g weiße Schokolade
100 g Mehl
25 g Speisestärke (Mondamin)
1 gestrichener TL Backpulver

Butter für die Form

Für den Belag:
750 g entsteinte Pfirsiche
1 Päckchen klarer Tortenguß
1–2 EL Zucker
¼ l Pfirsichsaft (oder Wasser)
1 Kiwi
12 rote Maraschinokirschen
50 g Schokostreusel

Die Butter mit dem Zucker schaumig rühren. Die Eier trennen. Das Eigelb zur Butter-Zucker-Mischung geben und cremig rühren. Das Eiweiß mit dem Salz steif schlagen. Den Likör, den Vanillezucker, die Mandeln und die Schokolade zur schaumigen Butter geben und mischen. Das Mehl mit der Speisestärke und dem Backpulver mischen und über die Buttermasse sieben, das geschlagene Eiweiß darübergeben und vorsichtig miteinander mischen.
Eine Springform (Durchmesser 30 cm) einfetten und kurz kühl stellen. Den Teig einfüllen.
Die frischen Pfirsiche kurz in kochendes Wasser tauchen und die Haut abziehen (bei reifen Früchten geht das ganz einfach). Die Pfirsiche halbieren. (Eingemachte Früchte in einem Sieb abtropfen lassen. Den Saft dabei auffangen.) Die Früchte in den Teig drücken. Im vorgeheizten Backofen bei 170–190 Grad (Gas Stufe 2–3) 45–55 Minuten backen. Auf einem Kuchengitter abkühlen lassen.
Den Tortenguß nach Packungsanleitung kochen (die Menge des Zuckers richtet sich nach der Süße des Safts) und leicht abkühlen lassen.
Die erkaltete Torte mit dem Guß überziehen, auch die seitlichen Ränder. Die Kiwi schälen, in Scheiben schneiden, vierteln. Bevor der Guß fest wird, die Torte mit den Kiwivierteln und den Kirschen garnieren. Die Schokostreusel an die seitlichen Ränder drücken.

Gedeckte Apfeltorte mit Portwein

Für den Mürbeteig:
260 g Mehl
90 g kalte Butter
40 g kaltes Pflanzenfett (z. B. Palmin)
1 Prise Salz
4–5 EL Eiswasser

Butter für die Form

Für die Füllung:
1 kg Äpfel
2 EL Zitronensaft
125 g Rosinen
40 g Pinienkerne
4 cl weißer Portwein
knapp 1/4 l Apfelsaft
100 g Rohrzucker (aus dem Reformhaus)
25 g Speisestärke (Mondamin)
2 EL flüssige Butter

Für den Guß:
200 g Puderzucker
1 EL Zitronensaft
2 EL weißer Portwein

Außerdem:
200 g getrocknete Hülsenfrüchte zum Blindbacken

Alle Zutaten rasch zu einem glatten Teig verarbeiten und am besten über Nacht kühl stellen. Zwei Drittel des Teigs zwischen Klarsichtfolie zu einem Kreis von etwa 29 cm Durchmesser dünn ausrollen. Eine Springform (Durchmesser 26 cm) einfetten, kurz kühl stellen. Den Teig hineinlegen und einen 3 cm hohen Rand ziehen. Den Boden mit einer Gabel mehrmals einstechen, mit zwei Bogen Pergamentpapier auslegen und mit 200 g Hülsenfrüchten belegen. Im vorgeheizten Backofen bei 200 Grad 10 Minuten blindbacken. Das Papier mit den Hülsenfrüchten entfernen.
Die Äpfel schälen, vierteln, das Kerngehäuse entfernen. Die Äpfel mit dem Gemüsehobel in sehr dünne Scheiben schneiden. Mit dem Zitronensaft, den Rosinen und den Pinienkernen mischen. Den Portwein mit dem Apfelsaft und dem Zucker zum Kochen bringen. Das Mondamin mit kaltem Wasser anrühren, in den heißen Saft einrühren und einmal aufkochen lassen, über die Äpfel gießen und abkühlen lassen. Die Äpfel auf den Teig legen. Den restlichen Teig zu einem Kreis ausrollen (Durchmesser 25 cm). Als Deckel auf die Torte legen. Die Ränder fest andrücken. Den Deckel mit einer Gabel mehrmals einstechen und mit flüssiger Butter bestreichen. Im vorgeheizten Backofen bei 190–210 Grad (Gas Stufe 3–4) 25–35 Minuten backen. Zum Abkühlen auf ein Kuchengitter setzen.
Für den Guß alle Zutaten miteinander verrühren und über den abgekühlten Kuchen gießen.

- Probieren Sie diese Torte auch einmal mit Kirschen.

Beeren-Frischkäse-Torte

Für den Biskuitteig:
2 Eier (Gew.-Kl. 2)
2 EL kaltes Wasser
80 g Zucker
30 g Speisestärke (Mondamin)
30 g Mehl
1 gestrichener TL Backpulver
50 g geriebene Haselnüsse
20 g flüssige Butter

Butter für die Form

Für den Belag:
400 g Doppelrahm-Frischkäse
1 unbehandelte Zitrone
100 g Zucker
8 Blatt weiße Gelatine (oder 1 ½ Beutel gemahlene Gelatine)
500 g geputzte, gemischte Beeren (z. B. Brombeeren, Johannisbeeren, Erdbeeren, Himbeeren, Heidelbeeren)
300 g süße Sahne
250 g geputzte und gemischte Beeren
1 Päckchen klarer Tortenguß
2 EL Zucker
250 ml Johannisbeersaft
100 g süße Sahne
50 g gehobelte Haselnüsse

Die Eier trennen. Das Eiweiß mit dem Wasser sehr steif schlagen. Nach und nach den Zucker einrieseln lassen. Die beiden Eigelb in einer Tasse verrühren und unter das Eiweiß heben. Das Mondamin mit dem Mehl und dem Backpulver mischen und über die Eiermasse sieben, die Haselnüsse darüberstreuen und alles vorsichtig unter die Eiermasse heben. Zuletzt die flüssige, aber abgekühlte Butter unterrühren. Den Boden einer Springform leicht mit Butter einfetten und die

Biskuitmasse einfüllen. Den Tortenboden im vorgeheizten Backofen bei 170–190 Grad (Gas Stufe 2–3) 18–20 Minuten backen. In der Form erkalten lassen.
Den Frischkäse verrühren. Die Zitrone heiß abwaschen, trocknen und die Schale zum Frischkäse reiben, die Zitrone auspressen, den Saft und den Zucker ebenfalls mit dem Frischkäse gut verrühren. Die Gelatine in etwas kaltem Wasser 10 Minuten einweichen, dann solange erwärmen, bis sie geschmolzen ist (das geht am schnellsten in der Mikrowelle bei höchster Einstellung in 15 Sekunden). Die aufgelöste Gelatine mit der Frischkäsecrème mischen und kühl stellen. Inzwischen die Früchte je nach Größe etwas klein schneiden und die Sahne steif schlagen. Bevor die Crème zu gelieren beginnt, die Früchte und die Sahne hinzufügen. Diese Masse auf den Tortenboden streichen und kühl stellen.
Die Beeren je nach Größe etwas klein schneiden und auf die festgewordene Torte legen. Den Tortenguß mit dem Zucker und dem Johannisbeersaft nach Packungsanweisung kochen, etwas abkühlen lassen und über die Beeren verteilen. Die Torte wieder kühl stellen. Inzwischen die Sahne steif schlagen und die gehobelten Haselnüsse in einer Pfanne ohne Fett leicht rösten, abkühlen lassen.
Die Torte aus der Form lösen, den Tortenrand mit Sahne bestreichen und mit den Haselnüssen bestreuen.

Foto links

Feine Kirschtorte

Für den Rührteig:
150 g weiche Butter
120 g Zucker
4 Eier (Gew.-Kl. 2)
1 Prise Salz
60 g geriebenen Zwieback
100 g geriebene zartbittere Schokolade
125 g gemahlene Haselnüsse
½ TL Zimt

Butter für die Form

Für den Belag:
500 g entsteinte Sauerkirschen
1 Päckchen roter Tortenguß
2 EL Zucker
1/4 l Kirschsaft

200 g süße Sahne
1 Päckchen Sahnesteif
2 EL Kakaopulver zum Bestäuben
Schokoladendekor (oder etwas Blockschokolade)

Die Butter mit dem Zucker schaumig rühren. Die Eier trennen. Das Eigelb zur Butter-Zucker-Masse geben und weiter kräftig rühren. Das Eiweiß mit dem Salz steif schlagen. Die Zwiebackbrösel, die Schokolade, die Haselnüsse und den Zimt zum Teig geben und mischen. Zum Schluß das steife Eiweiß unterheben. Eine Springform (Durchmesser 26 cm) gut einfetten, kurz kühl stellen. Den Teig zur Hälfte einfüllen, ein Drittel der abgetropften Kirschen darauf geben, mit Teig bestreichen und die restlichen Kirschen darüber verteilen. Im vorgeheizten Backofen bei 190–200 Grad, Umluft 170–180 Grad (Gas Stufe 3) 35–45 Minuten lang backen. Den Tortenguß nach Packungsanweisung herstellen und über die abgekühlte Kirschtorte löffeln.
Die Sahne steif schlagen. Den Tortenrand mit einem Teil der Sahne bestreichen und mit Kakaopulver bestäuben (dafür können Sie auch grob geriebene Schokolade nehmen). Die restliche Sahne mit Hilfe eines Spritzbeutels auf den erstarrten Guß tupfen. Mit Schokoladendekor (oder geraspelter Blockschokolade) garnieren.

Johannisbeertorte mit Mandelbaiser

Für den Teig:
70 g weiche Butter
4 Eigelb (Gew.-Kl. 2)
70 g Zucker
1 Prise Salz
1 Päckchen echter Vanillezucker
abgeriebene Schale einer halben unbehandelten Zitrone (oder 1 Beutel Citro-back)
120 g Schmand (oder saure Sahne)
150 g Mehl
60 g Speisestärke (Mondamin)
1 gestrichener TL Backpulver

Butter für die Form
50 g gemahlene Mandeln

Für den Belag:
6 Eiweiß (Gew.-Kl. 2)
1 Prise Salz
250 g Puderzucker
1 TL Zitronensaft
130 g gemahlene Mandeln
600 g rote Johannisbeeren
2 EL gehackte Pistazien
1 EL Puderzucker

Die weiche Butter schaumig rühren. Das Eigelb und den Zucker hinzufügen und so lange rühren, bis sich der Zucker aufgelöst hat. Die Gewürze und den Schmand (oder die saure Sahne) in die Masse geben und mischen. Das Mehl mit der Speisestärke und dem Backpulver mischen und unter den Teig heben. Eine Springform (Durchmesser 26 cm) einfetten, mit einem Teil der Mandeln bestreuen, kurz kühl stellen. Den Teig einfüllen und glatt streichen. Mit den restlichen Mandeln bestreuen.

Für den Belag das Eiweiß mit dem Salz steif schlagen, den gesiebten Puderzucker nach und nach dazugeben. Wenn Sie keine sehr große Schüssel besitzen, dann schlagen Sie jeweils drei Eiweiß in einem kleinen Gefäß. Den Zitronensaft und die Mandeln unter den Schnee heben. Die Johannisbeeren waschen und putzen. Einige schöne Rispen zurückbehalten. Die Johannisbeeren mit der Hälfte des Eischnees mischen und auf den Teig streichen. Das restliche Eiweiß kuppelförmig darüberhäufen. Im vorgeheizten Backofen bei 160–180 Grad (Gas Stufe 2) 70–80 Minuten backen. Im ausgeschalteten Ofen bei geöffneter Tür 10 Minuten ruhen lassen. Aus dem Ofen nehmen und nach weiteren 10 Minuten aus der Form lösen. Mit den zurückgelegten Johannisbeer-Rispen garnieren, mit den Pistazien bestreuen und leicht mit Puderzucker überstäuben.

- Sie können auch rote, weiße und schwarze Johannisbeeren mischen.

Stachelbeerkuchen aus Pflückteig

Für den Teig:
250 g kalte Butter
2 Eier (Gew.-Kl. 2)
1 Prise Salz
1 Päckchen echter Vanillezucker
280 g Mehl
100 g Speisestärke (Mondamin)

Butter für die Form

Für den Belag:
50 g geriebenen Zwieback
600 g Stachelbeeren (frisch oder aus dem Glas)
80 g Zucker (bei Verwendung von frischen Stachelbeeren)
2 EL Sahne oder Milch
1 Päckchen klarer Tortenguß
1–2 EL Zucker
¼ l Stachelbeersaft
2 EL Puderzucker
40 g Mandelblättchen

Die Butter mit den Fingern zerpflükken. Die Eier, das Salz, den Vanillezucker, das Mehl und das Mondamin hinzufügen. Zwischen den Handflächen reiben. Zum Schluß die Streusel rasch zu einem glatten Teig verarbeiten. In Pergamentpapier wickeln und 30 Minuten kühl stellen. Eine Springform (Durchmesser 26 cm) mit Butter einfetten und kurz kühl stellen. Gut ein Drittel des Teigs zwischen Klarsichtfolie ausrollen und auf den Boden der Springform legen.
Einen kleinen Rand hochziehen (ca. ½ cm). Die Hälfte des verbliebenen Teigs ausrollen und für den Tortenrand ein oder zwei gut 3 cm breite Streifen schneiden. An die Wand der Springform drücken und mit dem Teigboden verbinden. Mit den Zwiebackbröseln bestreuen.
Stachelbeeren aus dem Glas abgießen (Saft auffangen) und abtropfen lassen. Frische Stachelbeeren putzen, waschen und in ¼ l Wasser mit dem Zucker einmal aufkochen, dann abkühlen lassen. Zum Abtropfen auf ein Sieb geben. Die Stachelbeeren auf den Tortenboden geben. Je nach Süße der Stachelbeeren noch etwas Zucker über die Früchte streuen. Den Tortenrand nach innen drücken. Aus dem restlichen Teig schmale Streifen schneiden und gitterförmig auf den Kuchen legen. An den Rändern festdrücken. Die Teigränder mit etwas Milch bestreichen. Im vorgeheizten Backofen bei 200–220 Grad, Umluft 180–200 Grad (Gas Stufe 3–4) 25–35 Minuten backen.
Inzwischen den Tortenguß nach Packungsanleitung kochen. Die Menge des Zuckers richtet sich nach der Süße des Safts.
Die Mandeln in einer heißen Pfanne ohne Fett goldgelb rösten. Den abgekühlten Kuchen mit Puderzucker bestäuben. Den Tortenguß nur auf die Stachelbeeren verteilen. Den restlichen Guß um den Tortenrand streichen und mit den Mandelblättchen bestreuen.

Blaubeertorte mit Zimtsahne

<u>Für den Belag:</u>
600 g Blaubeeren (Heidelbeeren)
6 EL Zucker
1 EL Zitronensaft
1 TL Speisestärke (Mondamin)

2 EL gemahlene Mandeln oder Semmelbrösel zum Bestreuen des Teigbodens

<u>Für den Hefeteig:</u>
250 g Mehl
½ Würfel Hefe
30 g Zucker
⅛ l lauwarme Milch
1 Prise Salz
5 EL Öl (z. B. Mazola)

Butter für die Form
1 Becher (250 g) Schlagsahne
1 EL Puderzucker
½ TL Zimt

Die Blaubeeren putzen und kurz unter fließendem Wasser abbrausen. 100 g Blaubeeren mit 2 EL Zucker und dem Zitronensaft verrühren, 10 Minuten ziehen lassen und anschließend durch ein feines Sieb streichen. Diesen Blaubeersaft erhitzen, das Mondamin mit wenig kaltem Wasser anrühren und in den heißen Saft einrühren, einmal aufkochen lassen und beiseite stellen. Die abgetropften Blaubeeren mit dem restlichen Zucker mischen und ebenfalls beiseite stellen. Das Mehl in eine Schüssel sieben, mit dem Kochlöffel eine Mulde hineindrücken, die Hefe hineinbröckeln, 1 TL Zucker, 5 EL lauwarme Milch und etwas Mehl dazugeben und zu einem glatten Vorteig verrühren. Mit einem

Küchentuch abdecken und an einem warmen Ort so lange gehen lassen, bis der Vorteig Blasen wirft. Jetzt die restlichen Zutaten dazugeben und alles mit dem Knethaken der Küchenmaschine oder mit der Hand verkneten.
Die Schüssel mit etwas Mehl bestäuben und den glatten Hefekloß hineinsetzen, wieder mit dem Küchentuch abdecken und an einem warmen Ort so lange gehen lassen, bis sich die Teigkugel verdoppelt hat.
Eine Springform (mindestens 26 cm Durchmesser) gut mit weicher Butter einfetten, den Hefeteig zu einem ungefähr 32 cm großen Kreis ausrollen und in die Form geben. Einen etwa 3 cm hoher Rand formen. Die gemahlenen Mandeln oder die Semmelbrösel auf den Teig streuen und nochmals an einem warmen Ort 10 Minuten gehen lassen. Anschließend die Blaubeeren auf dem Teig verteilen und mit dem beiseitegestellten Blaubeerguß bestreichen.
Im vorgeheizten Backofen bei 180 bis 200 Grad, Umluft 160–180 Grad (Gas Stufe 2–3) 20–25 Minuten backen.
Die gut gekühlte Sahne mit dem Puderzucker steif schlagen, anschließend den Zimt unterheben und zur warmen oder abgekühlten Torte servieren.

- Besonders schnell ist diese Torte servierbereit, wenn Sie einen Beutel »Fix-Teig für Obstkuchen« verwenden. *Foto links*

Weintrauben im Blätterteigring

<u>*Für den Mürbeteig:*</u>
125 g kalte Butter
1 Eigelb (Gew.-Kl. 2)
1 Prise Salz
2 EL Zucker
1 Päckchen echter Vanillezucker
angeriebene Schale einer halben unbehandelten Zitrone (oder 1 Beutel Citroback)
200 g Mehl
50 g Speisestärke (Mondamin)

Butter für die Form
300 g TK-Blätterteig
3 EL flüssige Butter
1 Eiweiß
3 EL Milch oder Sahne

<u>*Für den Belag:*</u>
700 g helle und dunkle Trauben

<u>*Für den Guß:*</u>
1 Päckchen klarer Tortenguß
knapp ¼ l Weißwein (z. B. Riesling)
2 EL Zucker
150 g süße Sahne
2 cl Grappa (nach Geschmack)
50 g gehackte Walnüsse

Für den Mürbeteig alle Zutaten rasch zu einem glatten Teig verarbeiten und 30 Minuten kühl stellen. Zwischen Klarsichtfolie rund ausrollen. Den Boden einer Springform (Durchmesser 26 cm) dünn einfetten, den Teig auf den Boden legen (keinen Rand hochziehen). Den Teigboden mit einer Gabel mehrmals einstechen. Den Rand der Springform leicht anfeuchten.
Den Blätterteig 10 Minuten auftauen lassen. Jede Teigplatte mit etwas flüssiger Butter bestreichen. Die Teigplatten übereinanderlegen und gut 3 mm dick ausrollen. Für die Torte wird ein 3 cm breiter Ring benötigt. Am einfachsten ist es, zwei halbe Ringe mit einem Teigrädchen auszuradeln. Den Tortenboden am Rand auf ca. 3 cm Breite mit dem leicht geschlagenen Eiweiß bestreichen und den Blätterteigring daraufsetzen. Den Blätterteig mit der Milch (oder der Sahne bestreichen). Den Tortenboden im vorgeheizten Backofen bei 200–220 Grad (Gas Stufe 3–4) 15–20 Minuten backen bis der Blätterteig goldgelb aufgegangen ist.
Aus dem restlichen Blätterteig kleine Plätzchen ausstechen, auf Backpapier legen und 8–10 Minuten backen. (Die Plätzchen werden für diese Torte nicht gebraucht, Sie können sie pikant oder süß mit Nüssen, Mohn, Käse und verschiedenen Gewürzen verfeinern.)
Die Trauben waschen, trocknen, halbieren und entkernen. Auf dem Tortenboden verteilen. Den Tortenguß nach Packungsanleitung mit dem Wein und dem Zucker aufkochen, etwas abkühlen lassen und über den Trauben verteilen.
Die Sahne sehr steif schlagen, mit dem Grappa aromatisieren, den seitlichen Tortenrand damit bestreichen und mit den gehackten Walnüssen bestreuen.
Die Torte servieren, sobald der Guß fest geworden ist.

Gefüllte Aprikosentorte

<u>*Für den Biskuitteig:*</u>
4 Eier (Gew.-Kl. 2)
1 Prise Salz
4 EL warmes Wasser
150 g Zucker
1 Päckchen echter Vanillezucker
abgeriebene Schale einer halben unbehandelten Zitrone
80 g Mehl
80 g Speisestärke (Mondamin)
1 gestrichener TL Backpulver

Butter für die Form

<u>*Für die Füllung:*</u>
6 Blatt weiße Gelatine
⅛ l Weißwein
80 g Zucker
2 gestrichene TL Speisestärke (Mondamin)
2 EL Zitronensaft
4 EL Aprikosensaft
250 g süße Sahne
2 cl Aprikosengeist
1200 g frische Aprikosen

<u>*Für den Belag:*</u>
30 g Kürbiskerne
30 g Pinienkerne
40 g Mandelstifte
¼ l Aprikosensaft (oder Wasser)
1 – 2 EL Zucker
1 Päckchen klarer Tortenguß

Die Eier trennen. Das Eiweiß mit dem Salz steif schlagen und kühl stellen. Das Eigelb mit dem Wasser und 50 g Zucker schaumig rühren. Den restlichen Zucker, den Vanillezucker und die Zitronenschale unterheben. Diese Masse auf das geschlagene Eiweiß geben. Das Mehl mit der Speisestärke und dem Backpulver mischen, über

die Eiermasse sieben und alles vorsichtig mischen. Den Boden einer Springform (Durchmesser 26 cm) einfetten. Den Teig einfüllen. Im vorgeheizten Backofen bei 180–200 Grad (Gas Stufe 2–3) 30–40 Minuten backen. Auf einem Kuchengitter abkühlen lassen. Den Kuchen einmal nicht ganz in der Hälfte quer durchschneiden. Der obere Teil sollte etwas dünner als der Boden sein.
Die Gelatine 10 Minuten in kaltem Wasser einweichen, anschließend ausdrücken. Den Wein mit dem Zukker erhitzen. Die Speisestärke mit etwas kaltem Wasser anrühren, in den kochenden Wein gießen und einmal aufkochen lassen. Die Gelatine darin auflösen. Den Zitronen- und den Aprikosensaft hinzufügen. Abkühlen lassen. Die Sahne steif schlagen. Bevor die Crème zu gelieren beginnt, die Sahne unterheben, mit dem Aprikosengeist aromatisieren.
Frische Aprikosen halbieren und entkernen. In leicht gezuckertem Wasser knapp gar kochen.
Den unteren, dickeren Tortenboden, dünn mit etwas Crème bestreichen und mit den Aprikosen belegen. Die restliche Crème darüber verteilen. Die obere Kuchenplatte aufsetzen und leicht andrücken. Die restlichen Früchte in die Mitte setzen. Die Nußkerne mischen und um die Früchte verteilen. Aus dem Aprikosensaft (oder dem Wasser) und dem Zucker nach Packungsanweisung einen Tortenguß kochen, abkühlen lassen und dünn über die Früchte und die Nußkerne löffeln. Vor dem Anschneiden 1 Stunde kühl stellen.

Himbeer-Flocken-Schnitten

Für den Brandteig:
¼ l Wasser
80 g Butter
1 Prise Salz
200 g Mehl
5 Eier (Gew.-Kl. 2)

Für die Füllung:
3 Blatt weiße Gelatine
500 g süße Sahne
1 Ei (Gew.-Kl. 2)
250 g Magerquark
2 EL Zitronensaft
120 g Zucker
600 g Himbeeren
2 cl Himbeergeist
1 EL gehackte Pistazien zum Garnieren
einige kandierte Veilchenblätter
1 TL Puderzucker

Für den Brandteig das Wasser mit der Butter und dem Salz zum Kochen bringen. Das Mehl auf einmal hineinschütten und so lange erhitzen, bis sich am Topfboden ein weißer Belag gebildet hat. Etwas abkühlen lassen. Die Eier nach und nach hinzufügen und stets gut mischen.
Den Boden einer Viereckform (oder einer Springform) mit Backpapier auslegen. Aus dem Teig nacheinander fünf gleichstarke Kuchenböden im vorgeheizten Backofen bei 200–220 Grad (Gas Stufe 3–4) 10–15 Minuten backen. Die Teigplatten sollen knusprig und von goldgelber Farbe sein. Zwei Böden grob zerkrümeln .
Die Gelatine 10 Minuten in kaltem Wasser einweichen, dann ausdrükken. Die Sahne steif schlagen und kühl stellen. Ei trennen. Den abgetropften Quark mit dem Eigelb, dem Zitronensaft und der Hälfte des Zuckers verrühren. Eiweiß steif schlagen und mit der Hälfte der Sahne unter die Quarkcrème heben. Die geputzten Himbeeren mit dem restlichen Zucker bestreuen und mit dem Himbeergeist begießen. 30 Minuten ziehen lassen. Den dabei entstandenen Himbeersaft mit 2–3 EL Wasser mischen, erhitzen, und die Gelatine darin auflösen. Über die Himbeeren gießen und verrühren.
Einen Tortenboden auf eine Platte legen, mit der Hälfte der Quark-Sahne-Mischung bestreichen, knapp ein Drittel der Himbeeren darauf verteilen. Den zweiten Boden darüber setzen, leicht andrücken, den Rest der Quarkcrème und wieder einige Himbeeren darüber geben. Den dritten Boden darauf setzen. Bei einer eckigen Form den Kuchen in rechteckige Stücke schneiden.
Die Kuchenstücke oben und an den Längsseiten mit der kühl gestellten Sahne bestreichen (wenn Sie eine Springform verwenden, wird der Kuchen rundherum mit der Sahne bestrichen). Etwas Sahne zurückbehalten. Die Krümel an die mit Sahne bestrichenen Kuchenteile drücken. Die restliche Sahne mit Hilfe eines Spritzbeutels auf den Kuchen tupfen. Diese Sahnerosetten mit den restlichen Himbeeren, den Pistazien und den Veilchenblättern garnieren. Hauchdünn mit etwas Puderzucker bestreuen.
Dieses leichte Gebäck sollte innerhalb von 30 Minuten serviert werden.

Rhabarbertorte mit Vanille-Sahne-Guß

Für den Mürbeteig:
200 g Mehl
100 g kalte Butter
1 Prise Salz
1 Päckchen echter Vanillezucker
1 Ei (Gew.-Kl. 2)
2 EL gemahlene Mandeln
60 g Zucker

Für die Form:
Butter
20 g Mandelblättchen

Für den Belag:
3 EL Semmelbrösel
1 kg Rhabarber
100 g Erdbeer-Konfitüre

Für den Guß:
250 g Crème fraîche
2 Eier (Gew.-Kl. 2)
1 gestrichener TL Speisestärke (Mondamin)
2 Päckchen echter Vanillezucker
20 g Mandelblättchen

Für den Teig alle Zutaten rasch zu einem Mürbeteig verarbeiten und 60 Minuten kühl stellen. Eine Springform (Durchmesser 26 cm) gut einfetten und mit den Mandeln bestreuen, kurz kühl stellen. Den Teig zwischen Klarsichtfolie ausrollen und in die Form legen. Einen Rand von 3 cm Höhe formen. Den Teigboden mit Semmelbröseln bestreuen und mit einer Gabel mehrmals einstechen.
Den Rhabarber putzen, waschen, schälen, klein schneiden und auf den Tortenboden legen. Mit der erwärmten Erdbeer-Konfitüre beträufeln.
Für den Guß die Crème fraîche mit den Eiern, der Speisestärke und dem Vanillezucker verrühren. Über den Rhabarber gießen. Mit den Mandelblättchen bestreuen. Im vorgeheizten Backofen bei 190–210 Grad (Gas Stufe 3–4) 25–35 Minuten backen.

Gefüllte Erdbeertörtchen mit Pistazienrand

Für den Teig:
3 Eier (Gew.-Kl. 2)
100 g Zucker
1 TL Speisestärke (Mondamin)
1 Messerspitze Backpulver
125 g gemahlene Mandeln (geschält)
1 Prise Salz

Butter für die Förmchen
1 EL gemahlene Mandeln

Für den Belag:
600 g Erdbeeren
⅛ l Himbeersaft (½ Himbeersirup, ½ Wasser)
2 gestrichene EL Zucker
2 ½ TL Speisestärke (Mondamin)
Saft von 1 Zitrone
etwas abgeriebene Schale einer unbehandelten Zitrone
200 g süße Sahne
1 Päckchen Sahnesteif

Für den Guß:
¼ l Erdbeersaft (oder Wasser mit 2 cl Campari)
2 EL Zucker
1 roter Tortenguß
100 g gehackte Pistazien (oder Mandeln)

Die Eier trennen. Die Eigelb mit dem Zucker schaumig rühren. Das Mondamin mit dem Backpulver mischen und mit den gemahlenen Mandeln zur Ei-Zucker-Masse geben und vermengen. Die Eiweiß mit dem Salz steif schlagen. Zunächst eine Hälfte des Eischnees unter die feste Mandelmasse rühren, dann die zweite Hälfte vorsichtig unterheben. Kleine Tortelettförmchen gut mit weicher Butter einfetten, dünn mit den gemahlenen Mandeln ausstreuen und dann kurz kühl stellen.
Die Teigmasse einfüllen (die Förmchen nicht ganz füllen, weil der Teig gut aufgeht). Die Torteletts im vorgeheizten Backofen bei 180–200 Grad (Gas Stufe 2–3) 20–25 Minuten backen. Die gebackenen Törtchen einige Minuten in den Formen ruhen lassen, dann auf ein Kuchengitter stürzen und auskühlen lassen.
Die Erdbeeren putzen, waschen und abtropfen lassen. Den Himbeersaft mit dem Zucker erhitzen. Das Mondamin mit etwas kaltem Wasser glattrühren, in die heiße Flüssigkeit gießen und einmal aufkochen lassen, kühl stellen. Den Zitronensaft und etwas Zitronenschale einrühren.
Die Sahne mit dem Sahnesteif steif schlagen und unter die abgekühlte Crème heben. Die Torteletts mit der Sahnecrème bestreichen. Die Erdbeeren je nach Größe halbiert oder ganz auf die Törtchen setzen.
Den Tortenguß nach Packungsanleitung herstellen und etwas abgekühlt über die Erdbeeren löffeln. Etwas Guß auf die Ränder streichen und diese mit Pistazien bestreuen.

Foto rechts

Versunkene Birnen im Walnuß-Ingwer-Guß

Für den Mürbeteig:
80 g kalte Butter
60 g Zucker
1 Prise Salz
1 Eigelb (Gew.-Kl. 2)
140 g Mehl

Butter für die Form
100 g Ingwer-Konfitüre

Für den Belag:
70 g weiche Butter
60 g Zucker
abgeriebene Schale einer unbehandelten Zitrone
2 Eier (Gew.-Kl. 2)
1 Eigelb
1 EL frisch geriebene Ingwerwurzel (oder kandierte Ingwerpflaume)
80 g gemahlene Walnüsse
30 g Speisestärke (Mondamin)
500 g reife, feste Birnen
2 EL Zitronengelee (oder Apfel- oder Quittengelee)

Alle Zutaten rasch zu einem Mürbeteig verarbeiten und 1 Stunde kühl stellen. Zwischen Klarsichtfolie etwa 2 mm stark rund ausrollen. Eine Springform (Durchmesser 26 cm) einfetten und kurz kühl stellen. Den Teig auf den Boden legen (keinen Rand hochziehen). Den Boden mit der Ingwer-Konfitüre bestreichen.

Die Butter mit dem Zucker schaumig rühren. Die Zitronenschale hinzufügen. Die Eier und das Eigelb verrühren, mit dem Ingwer zur Buttermasse geben und schaumig schlagen. Zum Schluß die Walnüsse und die Speisestärke unterheben. Diese Masse auf den Teig streichen.

Die Birnen halbieren, schälen und das Kerngehäuse entfernen, vierteln. Die Birnenstücke in den Guß drücken. Im vorgeheizten Backofen bei 180–200 Grad, Umluft 160–180 Grad (Gas Stufe 2–3) 55–60 Minuten backen. Zum Abkühlen auf ein Kuchengitter stellen. Die Birnen mit etwas angewärmtem Gelee überglänzen.

Apfelkuchen mit Amaretto-Sahne

Für den Mürbeteig:
50 g Speisestärke (Mondamin)
100 g Mehl
1 Ei (Gew.-Kl. 2)
50 g Zucker
75 g kalte Butter

Butter für die Form

Für die Füllung:
650 g säuerliche Äpfel

Für den Guß:
200 g süße Sahne
1 Ei (Gew.-Kl. 2)
2 gestrichene EL Zucker
2 cl Amaretto
1 gestrichener EL Mondamin Speisestärke

20 g Mandelblättchen
1 EL Puderzucker zum Bestäuben
einige Butterflöckchen

Das Mondamin mit dem Mehl, dem Ei und dem Zucker in eine Schüssel geben, die Butter in Flöckchen darüber setzen, alles rasch zu einem Mürbeteig verarbeiten und 1 Stunde kühl stellen.

Eine Pieform (oder Springform) einfetten und kurz kühl stellen. Den Teig zwischen Klarsichtfolie ausrollen und in die Form geben, dabei einen Rand hochziehen. Den Teig mit einer Gabel mehrmals einstechen. Die Äpfel schälen, halbieren, das Kerngehäuse entfernen. Die Apfelstücke in nicht zu dünne Spalten schneiden und auf den Teig legen.

Für den Guß alle Zutaten miteinander mischen und über die Äpfel gießen. Mit den Mandeln bestreuen und mit einigen Butterflöckchen belegen. Im vorgeheizten Backofen bei 190–210 Grad, Umluft 170–190 Grad (Gas Stufe 3) 45–50 Minuten backen.

- Dieser Kuchen eignet sich auch als feines Dessert: Servieren Sie die warme Torte mit einigen Kugeln Vanilleeis.

Foto rechts

Mini-Ananas-Kokos-Torte

Für den Biskuitteig:
2 Eigelb (Gew.-Kl. 2)
2 EL lauwarmes Wasser
70 g Zucker
2 Eiweiß
1 Prise Salz
50 g Kokosflocken
1 EL Mehl
50 g Speisestärke (Mondamin)
1 leicht gehäufter TL Backpulver

Butter für die Form
1 EL Kokosflocken

Für den Belag:
½ Dose Ananas in Scheiben
9 Cocktailkirschen (aus dem Glas)
1 Päckchen klarer Tortenguß
2 EL Zucker
2 EL Kokosflocken
1 frische Kokosnuß zum Garnieren (nach Geschmack)

Das Eigelb mit Wasser schaumig rühren, den Zucker eßlöffelweise dazugeben und so lange rühren, bis die Masse cremig ist. Das Eiweiß mit dem Salz steif schlagen, über den Teig geben. Kokosflocken, Mehl, Mondamin und Backpulver mischen, auf den Eischnee geben und alles vorsichtig miteinander vermengen.
Eine kleine Tortenform (Durchmesser 21 cm) mit weicher Butter einfetten, mit Kokosflocken bestreuen, kurz kühl stellen und den Teig einfüllen. Im vorgeheizten Backofen bei 180–190 Grad (Gas Stufe 2–3) 15–20 Minuten backen. 15 Minuten in der Form stehen lassen, dann zum Auskühlen auf ein Kuchengitter stürzen.

Die Ananasscheiben abgießen und den Saft dabei auffangen. Den Saft mit Wasser zu einem viertel Liter auffüllen. Den Tortenguß mit dem Zucker und dem Ananassaft nach Packungsanweisung herstellen. Die Kokosflokken in einer Pfanne ohne Fett goldgelb rösten und abkühlen lassen. Die Ananasscheiben mehrlagig auf die Torte legen, die Zwischenräume mit den Kirschen ausfüllen, den abgekühlten Tortenguß darüberlöffeln. (Sie brauchen nicht die gesamte Menge des Gusses für diese kleine Torte.) Den Tortenrand ebenfalls mit Guß bestreichen und sofort die gerösteten Kokosflocken an den Rand drücken.
Die Kokosnuß öffnen und aus der Schale brechen. Mit dem Sparschäler soviel Locken wie möglich von der Kokosnuß schneiden. Die Torte auf eine große Tortenplatte legen und mit den Kokosflocken garnieren.

- Dazu paßt vorzüglich Crème double (200 g) mit gut 2 cl Batida de Coco verrührt und schaumig aufgeschlagen.
- Für diese Torte können Sie auch gemischte exotische Früchte wie Kiwi, Ananas, Mango, Papaya, Apfel-Banane usw. verwenden.

Foto links

Mini-Mascarpone-Torte

½ Tasse Kuchen-, Keks- oder Zwiebackkrümel
3 EL flüssige Butter
Butter für die Form
2 Eier (Gew.-Kl. 2)
40 g Zucker
250 g Mascarpone
2 EL Speisestärke (Mondamin)
1 Messerspitze Backpulver
1 unbehandelte Zitrone
2 cl Mandellikör (z. B. Amaretto)
80 g gemischte kandierte Früchte (oder Zitronat und Orangeat)
2 EL Pinienkerne
2 EL Pistazienkerne
20 g Mandelblättchen
1 TL Zucker

Die Kuchen-, Keks- oder Zwiebackkrümel mit der flüssigen Butter mischen. Eine kleine Springform (Durchmesser 18 cm) gut mit weicher Butter einfetten, die Kekskrümel auf den Boden drücken, und die Form kühl stellen.
Die Eier trennen, das Eigelb mit dem Zucker schaumig rühren, Mascarpone hinzufügen und gut vermengen. Das Mondamin mit dem Backpulver mischen, über die Mascarponemasse sieben und unterrühren. Die Zitrone heiß abwaschen und etwas Schale in die Mascarponemasse reiben, die Zitrone ausdrücken und den Saft und den Mandellikör ebenfalls dazugeben. Anschließend die gehackten kandierten Früchte und die ganzen Nußkerne dazugeben.
Das Eiweiß mit 1 Prise Salz steif schlagen und unter die Mascarponemasse heben. Den Teig in die Form geben, die Oberfläche mit den Mandelblättchen und 1 TL Zucker bestreuen und im vorgeheizten Backofen bei 180–190 Grad (Gas Stufe 2–3) 20–25 Minuten backen.
Die Torte in der Form 15 Minuten ruhen lassen, anschließend aus der Form lösen und abkühlen lassen.

- Die doppelte Menge reicht für eine große Springform. Die Mascarpone-Torte schmeckt warm und kalt.

Foto Seite 34/35

Mini-Gugelhupf »Elsässer Art«

250 g Mehl
½ Würfel Hefe
1 TL Zucker
3 EL lauwarme Milch
2 Eier (Gew.-Kl. 2)
½ TL Salz
40 g Zucker
4 EL Keimöl (z. B. Mazola)
60 g weiche Butter
40 g Rosinen
2 cl Rum
2–4 EL lauwarme Milch
30 g gehackte Haselnüsse
20 g Zitronat (nach Geschmack)

Butter für die Form
Puderzucker zum Bestreuen

Das Mehl in eine Schüssel sieben, mit einem Kochlöffel eine Mulde drücken und die Hefe hineinbröckeln, mit Zucker bestreuen und mit der Milch zu einem Vorteig verarbeiten. Die Schüssel abdecken und an einem warmen Ort 10 Minuten gehen lassen.
In der Zwischenzeit die Eier mit Salz, Zucker, Keimöl und Butter schaumig rühren. Die Rosinen mit dem Rum beträufeln und einige Zeit ziehen lassen.
Den aufgegangenen Vorteig mit wenig Mehl bestäuben, mit den verrührten Zutaten mischen und kräftig mit einem Holzlöffel schlagen, bis der Teig Blasen wirft. Nur so viel Milch hinzufügen, bis der Teig locker ist und sich vom Schüsselrand löst. Von den Haselnüssen 1 EL beiseite legen, die restlichen Haselnüsse, die Rumrosinen und das feingehackte Zitronat in den Teig einarbeiten.

Eine kleine Gugelhupfform (Durchmesser 17 cm) gut mit weicher Butter einfetten, mit den Haselnüssen bestreuen und kurz kalt stellen. Den Teig einfüllen und an einem warmen Ort so lange gehen lassen, bis sich der Teig verdoppelt hat.
Den Backofen auf 180–190 Grad (Gas Stufe 2–3) vorheizen, den Kuchen 25–30 Minuten backen.
Den Gugelhupf zum Auskühlen auf ein Kuchengitter stürzen.
Vor dem Servieren mit wenig Puderzucker bestreuen.

- Für einen großen Gugelhupf benötigen Sie die doppelte Menge. Im Elsaß wird der Gugelhupf kalt oder warm zum Wein gegessen.
- Wer den Kuchen süßer mag, nimmt für die kleine Form etwa 60–80 g Zucker. *Foto Seite 34/35*

Pflaumen vom Blech

Für den Hefeteig:
500 g Mehl
1 Würfel Hefe
1 TL Zucker
⅛ l lauwarme Milch
100 g Zucker
1 Ei (Gew.-Kl. 2)
150 g weiche Butter
1 Prise Salz
abgeriebene Schale einer unbehandelten Zitrone

Butter für das Blech

Für den Belag:
2 kg Pflaumen
4 EL Zucker

Für den Guß:
250 g süße Sahne
2 Eier (Gew.-Kl. 2)
80 g Zucker
Zimtzucker zum Bestreuen

Das Mehl in eine Schüssel sieben. Mit einem Kochlöffel eine Mulde drücken. Die Hefe hineinbröckeln. Mit dem Teelöffel Zucker bestreuen, und mit etwas lauwarmer Milch den Vorteig anrühren. Die Schüssel abdecken und an einem warmen Ort 10 Minuten gehen lassen. Den Vorteig mit etwas Mehl bestäuben, die restlichen Zutaten hinzufügen und alles gut durchkneten. Die glänzende und elastische Teigkugel zurück in die Schüssel legen, abdecken und 30 Minuten an einem warmen Ort gehen lassen.
Ein Backblech einfetten, den Teig ausrollen und aufs Blech legen.
Nochmals 30 Minuten gehen lassen.
Die gewaschenen Pflaumen entkernen, halbieren und fast senkrecht auf den Teig setzen. Mit etwas Zucker bestreuen.
Für den Guß alle Zutaten miteinander schaumig rühren und gitterförmig über die Pflaumen gießen. Im vorgeheizten Backofen bei 200–220 Grad, Umluft 180–200 Grad (Gas Stufe 3–4) 30–35 Minuten backen. Den noch warmen Kuchen mit Zimtzucker bestreuen

Festliche Torten

Baumkuchen-Torte

<u>Für den Rührteig:</u>
250 g Butter
200 g Zucker
5 Eier (Gew.-Kl. 2)
1 Päckchen echter Vanillezucker
abgeriebene Schale einer halben unbehandelten Orange
70 g fein gemahlene Mandeln
2 cl Orangenlikör (Cointreau)
1 Prise Salz
125 g Mehl
100 g Speisestärke (Mondamin)
1 gute Messerspitze Backpulver

Butter für die Form

<u>Für die Glasur:</u>
100 g Orangenmarmelade
400 g weiße Kuvertüre
50 g Halbbitter-Kuvertüre
evtl. dunkle Schoko-Blättchen (zum Garnieren)

Die Butter mit dem Zucker schaumig rühren. Die Eier trennen. Das Eigelb zur Butter-Zucker-Masse geben und sehr schaumig schlagen, den Vanillezucker, die abgeriebene Orangenschale, die gemahlenen Mandeln und den Likör hinzufügen. Das Eiweiß mit 1 Prise Salz steif schlagen und auf die schaumige Crème geben. Das Mehl mit dem Mondamin und dem Backpulver mischen und auf das Eiweiß sieben, alle Zutaten rasch, aber gründlich miteinander verrühren.
Eine Springform (Durchmesser 26 cm) mit einem eingefetteten Stück Backpapier belegen und 2 EL Teig auf den Boden streichen. Im vorgeheizten Backofen bei 190–200 Grad (Gas

Stufe 2–3) 3 Minuten backen, mit einem Löffel oder mit dem Teigschaber eine weitere dünne Teigschicht auftragen und wieder backen. Nach der dritten Schicht den Grill anstellen und jede neue Schicht backen, indem die Form auf die unterste Stufe des Backofens gestellt wird. Der Kuchen sollte mindestens 10–12 Schichten haben.

Die Torte aus der Form lösen, umdrehen, das Papier abziehen und die Torte noch heiß mit der erwärmten Orangenmarmelade bestreichen.

Die zerkleinerte Kuvertüre erwärmen, umrühren, auf Zimmertemperatur abkühlen lassen und nochmals erwärmen. Die Torte mit der weißen Kuvertüre bestreichen und mit der dunklen Kuvertüre Muster aufspritzen. Nach Geschmack mit einigen Schoko-Blättchen garnieren.

- Baumkuchen kann auch in der Kasten- oder Rehrückenform gebacken werden. *Foto links*

Mokkacrèmetorte

Für den Mürbeteigboden:
80 g weiche Butter
40 g Zucker
1 Prise Salz
1 Päckchen echter Vanillezucker
1 Ei (Gew. Kl. 2)
100 g Mehl
60 g Speisestärke (Mondamin)

Für den Biskuitteig:
3 Eier (Gew.-Kl. 2)
2 EL lauwarmes Wasser
1 TL lösliches Kaffeepulver
1 Päckchen echter Vanillezucker
80 g Puderzucker
60 g Mehl
30 g Speisestärke (Mondamin)
knapp ½ TL Backpulver
1 TL Kakao
30 g flüssige Butter
1 Prise Salz

Butter für die Form
1 EL gemahlene Mandeln oder Semmelbrösel

Für die Crème:
⅜ l Milch
100 g Rohrzucker (aus dem Reformhaus)
2 EL lösliches Kaffeepulver
2 EL Speisestärke (Mondamin)
3 Eigelb
150 g weiche Butter
1 Gläschen Kaffeelikör

Schoko-Mokka-Bohnen und Schoko-Streusel zum Dekorieren

Die Butter mit dem Zucker, Salz und Vanillezucker schaumig rühren, das Ei hinzufügen und mischen. Zum Schluß das Mehl und das Mondamin darübersieben und gut verkneten. Den fertigen Teig zu einer Kugel formen und mindestens 60 Minuten kühl stellen.
Anschließend den Teig zwischen Klarsichtfolie gut 2 mm stark ausrollen (und zwar etwas größer als die Backform) und auf ein mit Backpapier ausgelegtes Backblech geben. Einen Bogen Pergamentpapier darüberlegen und eine Tasse Hülsenfrüchte darauf verteilen. Den Boden im vorgeheizten Backofen bei 190–200 Grad (Gas Stufe 3) 10–12 Minuten blind bakken. Das Papier mit den Hülsenfrüchten entfernen. Die Backform (hier ist es eine Herzform) auf den noch warmen Mürbeteigboden setzen und mit einem Messer die Konturen nachzeichnen; das Herz auf einem Kuchengitter auskühlen lassen.
Für den Biskuitteig die Eier trennen. Das lauwarme Wasser mit dem Kaffeepulver mischen und mit dem Vanille- und dem Puderzucker zum Eigelb geben und cremig rühren. Das Mehl mit dem Mondamin, dem Backpulver und dem Kakao mischen und mit der Eigelbmasse verrühren. Anschließend eßlöffelweise die flüssige (nicht heiße) Butter unter den Teig geben.
Das Eiweiß mit dem Salz steif schlagen und zum Schluß unterheben. Die Backform gut mit weicher Butter einfetten. Mit den Mandeln ausstreuen und kurz kühl stellen. Dann den Teig einfüllen und im vorgeheizten Backofen bei 170–190 Grad (Gas Stufe 2–3) 25–30 Minuten backen.
In der Form etwas abkühlen lassen, dann auf ein Kuchengitter stürzen.

Für die Crème die Milch mit dem Zucker zum Kochen bringen und das Kaffeepulver darin auflösen. Das Mondamin mit 4 EL kaltem Wasser anrühren und in die heiße Flüssigkeit gießen, einmal aufkochen lassen. Eigelb mit 4 EL heißer Flüssigkeit verrühren und dann langsam in die Crème einlaufen lassen und gut verrühren (die Crème darf nicht mehr kochen, sonst gerinnt das Eigelb). Die Crème auf Zimmertemperatur abkühlen lassen. Die weiche Butter schaumig rühren und die Crème eßlöffelweise unterrühren (Butter und Crème sollen die gleiche Temperatur haben, sonst gerinnt die Buttercrème).
Den Mürbeteigboden auf eine Kuchenplatte setzen und mit etwas Crème bestreichen, den Biskuitboden darübersetzen und etwas andrücken. Nach Geschmack mit etwas Kaffeelikör beträufeln. Die Torte rundherum dünn mit Crème bestreichen. Die restliche Crème in einen Spritzbeutel füllen und 15 Minuten kühl legen. Anschließend die Torte mit Hilfe des Spritzbeutels verzieren und mit den Mokka-Bohnen und den Schoko-Streuseln garnieren. Vor dem Servieren einige Stunden kühl stellen.

Foto links

Kumquat-Joghurt-Torte mit Marzipan

Für den Biskuitteig:
2 Eier (Gew.-Kl. 2)
2 EL kaltes Wasser
80 g Zucker
abgeriebene Schale einer halben unbehandelten Orange
30 g Mehl
30 g Speisestärke (Mondamin)
1 gestrichener TL Backpulver
50 g gemahlene Mandeln
20 g flüssige Butter

Butter für die Form

Für den Belag:
2 EL Orangenmarmelade
200 g Marzipan-Rohmasse
75 g Puderzucker
250 g Kumquats (Zwergorangen)
750 g Natur-Joghurt
150 g Zucker
1 Päckchen echter Vanillezucker
4 cl Orangenlikör (z. B. Cointreau)
12 Blatt weiße Gelatine
200 g süße Sahne
50 g Haselnußkrokant

Die Eier trennen. Das Eiweiß mit dem Wasser sehr steif schlagen. Nach und nach den Zucker und die Orangenschale hinzufügen. Die beiden Eigelbe in einer Tasse verrühren und unter die Eiweißmasse ziehen. Das Mehl mit dem Mondamin und dem Backpulver mischen und auf die Eiermasse sieben, die Mandeln darüberstreuen und vorsichtig unterheben. Zum Schluß die flüssige, aber abgekühlte Butter unter die Biskuitmasse ziehen. Von einer Springform (Durchmesser 26 cm) nur den Boden leicht einfetten

und die Biskuitmasse darauf verteilen. Im vorgeheizten Backofen bei 190–200 Grad (Gas Stufe 3) 12 bis 15 Minuten backen. Den Tortenboden in der Form abkühlen lassen. Danach auf eine Kuchenplatte setzen.

Die Orangenmarmelade auf den Tortenboden streichen (eventuell leicht erwärmen, damit sie sich besser verstreichen läßt).

Die Marzipan-Rohmasse mit dem Puderzucker verkneten und zwischen Klarsichtfolie dünn ausrollen. Anschließend einen Kreis in Springformgröße ausschneiden und auf den mit Orangenmarmelade bestrichenen Tortenboden setzen. Aus dem restlichen Marzipan 12 Sterne oder ähnliches ausstechen und beiseite stellen.

Die gewaschenen und abgetrockneten Früchte in sehr dünne Scheiben schneiden. Etwa 50 g davon beiseite stellen, die restlichen Scheiben vierteln.

Den Joghurt mit dem Zucker, Vanillezucker und dem Orangenlikör verrühren.

Die Gelatine 10 Minuten in kaltem Wasser einweichen, anschließend auf kleinster Flamme verflüssigen. Die aufgelöste Gelatine mit dem Joghurt mischen und kühl stellen.

Inzwischen die Sahne steif schlagen. Bevor die Joghurtcrème zu gelieren beginnt, die Sahne und 200 g Kumquats unterheben. Diese Crème auf den Tortenboden streichen und kühl stellen. Kurz vor dem Servieren die Torte mit den Marzipansternen, den Kumquatscheibchen und dem Haselnußkrokant verzieren. *Foto links*

Festtagstorte

Für den Biskuitteig:
4 Eier
4 EL kaltes Wasser
160 g Zucker
abgeriebene Schale einer unbehandelten Orange (oder 2 Beutel Orange-back)
80 g Speisestärke (Mondamin)
80 g Mehl
1 gestrichener TL Backpulver
100 g gemahlene Mandeln
75 g flüssige Butter

Butter für die Form

Für die Füllungen:
1 Glas Orangenmarmelade (450 g)
6 cl Mandel- oder Orangenlikör
100 g zartbittere Schokolade
200 g süße Sahne
300 g Marzipan-Rohmasse
200 g Puderzucker
3 cl Mandellikör

Orangenmarmelade
Puderzucker
Kakao
Orangeat am Stück

Die Eier trennen. Das Eiweiß mit dem Wasser sehr steif schlagen. Nach und nach den Zucker und die Orangenschale hinzufügen. Die vier Eigelb in einer Tasse verrühren und unter das Eiweiß heben. Das Mondamin mit dem Mehl und dem Backpulver mischen und über die Eiermasse sieben, die gemahlenen Mandeln darüberstreuen und alles unterziehen. Zum Schluß die flüssige, aber abgekühlte Butter mit der Biskuitmasse verrühren. Von einer Springform (Durchmesser 26 cm) nur den Boden leicht einfetten,

und die Biskuitmasse in die Form füllen. Im vorgeheizten Backofen bei 170–180 Grad (Gas Stufe 2) 50–55 Minuten backen. Den Biskuitboden 30 Minuten in der Form abkühlen lassen, dann auf ein Kuchengitter geben. Nach dem Erkalten den Boden zweimal durchschneiden.

Den untersten Boden auf eine Kuchenplatte setzen. Die Orangenmarmelade mit dem Likör verrühren und bis auf etwa 3 EL auf den Boden streichen. Den zweiten Boden darübersetzen und leicht andrücken. Für die zweite Füllung die Schokolade fein reiben und mit der steif geschlagenen Sahne mischen, auf den zweiten Boden streichen, den dritten Boden draufsetzen.

Die Marzipan-Rohmasse mit dem gesiebten Puderzucker und dem Likör verkneten, dann zwischen Klarsichtfolie etwa 3 mm stark ausrollen.

Einen Kreis, der etwa 2 cm größer als die Torte ist, ausschneiden, ebenso einen (oder mehrere Streifen) von Tortenhöhe.

Alle Marzipanteile dünn mit der restlichen Orangenmarmelade bestreichen.

Zuerst den Deckel mit der bestrichenen Seite nach unten über die Torte legen und andrücken, anschließend den oder die Streifen an den Rand drücken und glattstreichen.

Aus der restlichen Marzipanmasse 48 kleine Kugeln formen, mit etwas Marmelade bestreichen und auf jedem der zwölf Tortenstücke vier Kugeln fixieren. Die Torte mit Puderzucker bestreuen und mit Hilfe einer Schablone (3,5 mal 1 cm) Kerzen aus Kakao auf jedes Tortenstück stäuben. Aus dem Orangeat 12 Kerzenflammen schneiden und mit etwas Marmelade über die Kerzen setzen.

- Für die Schokoladencrème flüssige Sahne und zerkleinerte Schokolade erhitzen, kühl stellen und nach etwa 1–2 Stunden cremig aufschlagen und auf den Tortenboden streichen.

Foto links

Frankfurter Kranz

Für den Rührteig:
180 g weiche Butter
250 g Zucker
6 Eier (Gew.-Kl. 2)
250 g Mehl
100 g Speisestärke (Mondamin)
1 Päckchen Backpulver
6–8 EL Milch
2 unbehandelte Zitronen

Butter für die Form
2 EL sehr fein gemahlene Mandeln

Für die Füllung:
½ l Milch
2 Vanilleschoten
80 g Zucker
30 g Speisestärke (Mondamin)
4 cl Rum (nach Geschmack)
250 g weiche Butter

3 EL Johannisbeergelee
(oder Himbeermarmelade)

Zum Garnieren:
125 g Mandelblättchen
1 gehäufter TL Zucker
16 kandierte Kirschen
16 Pistazienkerne

Die weiche Butter schaumig rühren, anschließend den Zucker dazugeben und so lange rühren, bis sich der Zucker gelöst hat. Nach und nach die Eier zum Teig geben. Das Mehl mit Mondamin und Backpulver mischen und nach und nach über den Teig sieben. Zwischendurch etwas Milch dazugeben. Die Zitronen heiß abwaschen und die Schale fein in den Teig reiben, die Zitronen auspressen und den Saft ebenfalls in den Teig rühren.

Eine Frankfurter-Kranz-Form gut mit weicher Butter einfetten, mit den gemahlenen Mandeln ausstreuen und kurz kühl stellen. Den Teig einfüllen, glattstreichen und im vorgeheizten Backofen bei 170–190 Grad, Umluft 150–170 Grad (Gas Stufe 2–3) 50–60 Minuten backen. Den Kranz 10 Minuten in der Form abkühlen lassen, dann auf ein Kuchengitter stürzen.

Nach dem völligen Erkalten wird der Kranz dreimal durchgeschnitten.

Für die Füllung die Milch erhitzen, die beiden Vanilleschoten mit einem spitzen Messer aufschlitzen und das Mark herauskratzen, Mark und Schoten in der Milch zum Kochen bringen, den Zucker einstreuen. Das Mondamin mit etwas kaltem Wasser glattrühren, zu der kochenden Milch geben und einmal aufkochen. Rum unter die Vanillecrème mischen und auf Zimmertemperatur abkühlen lassen.

Die weiche Butter schaumig rühren und die Vanillecrème eßlöffelweise unter ständigem Rühren mit der Butter mischen (damit die Buttercrème nicht gerinnt, müssen Schüssel, Butter und Pudding die gleiche Raumtemperatur haben). Die Buttercrème 15 Minuten kühl stellen.

Den unteren Kuchenboden auf eine große Tortenplatte legen und dick mit dem Gelee (oder der Marmelade) bestreichen. Den zweiten Boden darübersetzen und mit Buttercrème bestreichen. Den dritten Boden darüber leicht andrücken, wieder mit Buttercrème bestreichen und den letzten Boden draufsetzen. Nun den ganzen Kranz innen und außen mit Buttercrème bestreichen. Zum Garnieren ungefähr 3 EL von der Crème kühl stellen.

Die Mandelblättchen in einer Pfanne ohne Fett goldgelb rösten, sofort den Zucker drüberstreuen und verrühren, bis der Zucker geschmolzen ist. Die Mandeln auf Pergamentpapier geben und kaltstellen. Anschließend den Mandelkrokant grob zerkleinern, und den Frankfurter Kranz innen und außen mit dem Mandelkrokant belegen.

Die restliche Buttercrème in einen Spritzbeutel füllen und sechzehn kleine Crèmetupfer auf den oberen Rand der Torte setzen, darauf je eine rote Kirsche und rechts und links davon eine halbe Pistazie setzen.

Den Frankfurter Kranz möglichst einen Tag an einem kühlen Ort durchziehen lassen, bevor er angeschnitten wird. *Foto rechts*

Datteltorte

Für den Teig:
240 g Mandeln
240 g Halbbitter-Kuvertüre
240 g entkernte Datteln
6 Eiweiß (Gew.-Kl. 2)
1 Prise Salz
100 g Zucker
2 EL Speisestärke (Mondamin)
1 Messerspitze Backpulver

Butter für die Form

Für die Garnierung:
250 g Schlagsahne
50 g weiße Kuvertüre
ein paar Mandeln
oder
200 g Puderzucker
3–5 EL Rum
16 Mandeln
etwas weiße Schokolade oder weiße Kuvertüre

Die Mandeln waschen, trocknen lassen und anschließend grob reiben. Die gekühlte Kuvertüre und die Datteln ebenfalls nicht zu fein zerkleinern. Mandeln, Kuvertüre und Datteln miteinander mischen.
Das Eiweiß mit dem Salz steif schlagen, nach und nach den Zucker einrieseln lassen.
Mondamin und Backpulver mischen, auf das Eiweiß sieben und unterheben. Diese Masse mit den Mandeln, der Kuvertüre und den Datteln vorsichtig mischen.
Eine Herrenkuchenform (oder eine Springform) gut mit weicher Butter einfetten, kurz kühl stellen, dann den Teig einfüllen. Im vorgeheizten Back-

ofen bei 170–190 Grad (Gas Stufe 2–3) 45–55 Minuten backen.
Den Kuchen in der Form 30 Minuten auskühlen lassen, anschließend auf ein Kuchengitter stürzen. Von der Kuvertüre mit einem Sparschäler Raspeln abhobeln. Die restliche Kuvertüre grob reiben. Die Mandeln hobeln. Kurz vor dem Servieren die Sahne steif schlagen und die grob geriebene Kuvertüre darunterheben. Diese Mischung auf die Datteltorte streichen; mit den Kuvertüre-Spänen und den gehobelten Mandeln garnieren.
Oder den gesiebten Puderzucker mit dem Rum und etwas heißem Wasser zu einer halbflüssigen Crème verrühren und die abgekühlte Torte damit bestreichen. Jedes Tortensegment mit einer ganzen, ungeschälten Mandel belegen und einige weiße Schokoladen- oder Kuvertüre-Späne in die Mitte setzen. *Foto links*

Quarktorte mit Honig und Nüssen

Für den Mürbeteig:
160 g Mehl
60 g Speisestärke (Mondamin)
120 g kalte Butter
1 kräftige Prise Salz
1 Eigelb; Eiweiß beiseitestellen (Gew.-Kl. 2)
50 g Zucker
2–3 EL Eiswasser
abgeriebene Schale einer halben unbehandelten Zitrone

Butter für die Form

Für die Füllung:
1 kg Schichtkäse
3 Eier (Gew.-Kl. 2)
100 g Crème fraîche
1 Prise Salz
100 g Honig
50 g Zucker
3 gestrichene EL Speisestärke (Mondamin)
Saft von einer Zitrone
1 Tüte echter Vanillezucker
60 g fein gehackte kandierte Früchte
1 Prise Salz
je 1 EL Mandelblättchen, Pinienkerne, Pistazien, Sonnenblumenkerne

Für den Teig alle Zutaten rasch zu einem glatten Teig verkneten und 60 Minuten kühl stellen. Eine Kuchenform (eckig, rund, Durchmesser ca. 26 cm) mit weicher Butter einfetten. Den Teig am besten zwischen Klarsichtfolie dünn ausrollen und in die Form legen, dabei einen etwa 3 cm hohen Rand formen.
Für die Füllung den Schichtkäse in einem Sieb abtropfen lassen. Eier tren-

nen. Schichtkäse mit der Sahne, dem Salz, dem Eigelb, dem Honig, dem Zucker, dem Mondamin, dem Zitronensaft und dem Vanillezucker cremig rühren. Anschließend die Früchte dazugeben. Drei Eiweiß mit 1 Prise Salz steif schlagen und unter die Quarkmasse heben. Den Quark auf den Kuchenteig streichen. Das beim Mürbeteig beiseitegestellte Eiweiß leicht schaumig schlagen, auf den Quark streichen und mit den Nüssen bestreuen.
Den Backofen auf 200 Grad (Gas Stufe 3) aufheizen, den Kuchen hineinstellen, den Backofen auf 170–180 Grad (Gas Stufe 2) herunterschalten. Die Quarktorte 80–90 Minuten backen.

- Ganz schnell gelingt diese Quarktorte, wenn Sie für den Teig 1 Beutel »Fix-Teig Vollkorn« verwenden.
- Die Quarktorte gelingt um so besser, je trockener der Quark ist. Deshalb lassen Sie den Schichtkäse mindestens 3 Stunden in einem Sieb abtropfen. Verwenden Sie Speisequark, so brauchen Sie gut ein Drittel mehr. *Foto links*

Apfel-Makronen-Torte

Für den Mürbeteig:
60 g Zucker
120 g Butter
1 Ei (Gew.-Kl. 2)
300 g Mehl
1 gute Messerspitze Backpulver
abgeriebene Schale einer halben unbehandelten Zitrone (oder 1 Beutel Citroback)
1 gute Prise Salz

Butter für die Form

Für die Füllung:
800 g Äpfel
30 g Rosinen
1 Päckchen echter Vanillezucker
2 EL Zucker
2 cl Calvados
40 g Mandelblättchen

Für den Belag:
200 g Marzipan-Rohmasse
1–2 Eier

3 EL Apfelgelee oder Aprikosenmarmelade

Für den Teig alle Zutaten rasch zu einem glatten Teig verarbeiten und mindestens 1 Stunde kühl stellen. Anschließend zwischen Klarsichtfolie ausrollen.
Eine Springform einfetten und den Teig einlegen, dabei einen gut 3 cm hohen Rand formen. Den Boden mit einer Gabel mehrmals einstechen.
Für die Füllung Äpfel schälen, das Kerngehäuse entfernen und die Äpfel grob raspeln. Die restlichen Zutaten mit den Äpfeln mischen, auf dem Teig verteilen und glattstreichen.

Das Marzipan klein schneiden und mit den Eiern zu einer halbflüssigen Crème verrühren. Einen Spritzbeutel mit Sterntülle damit füllen und von der Mitte her beginnend, die Marzipanmasse spiralförmig auftragen.
Im vorgeheizten Backofen bei 190–210 Grad, Umluft 170–190 Grad (Gas Stufe 3–4) 50–60 Minuten backen.
Den Kuchen zum Abkühlen auf ein Kuchengitter stellen. Das Gelee oder die Marmelade erwärmen und die Makronenmasse damit abglänzen.

Zitronen-Baiser-Torte

Für den Rührteig:
125 g Butter
125 g Zucker
1 EL Lecithin (aus dem Reformhaus)
1 Prise Salz
4 Eigelb (Gew.-Kl. 2)
1 unbehandelte Zitrone
1 Päckchen echter Vanillezucker
100 g Mehl
50 g Speisestärke (Mondamin)
2 gestrichene TL Backpulver
2 EL Milch

Butter für die Form

Für die Baisermasse:
4 Eiweiß
250 g Puderzucker
1 TL Zitronensaft
40 g Mandelblättchen

Für die Füllung:
gut ⅛ l Weißwein (oder Wasser)
100 g Zucker
2 ½ TL Speisestärke (Mondamin)
3 Blatt weiße Gelatine
2 unbehandelte Zitronen
500 g süße Sahne
40 g Mandelblättchen

Die Butter und den Zucker schaumig rühren. Das Lecithin (sorgt für ein besseres Backergebnis – und ist gesund!), Salz und Eigelb dazugeben und gut mischen. Die Zitrone heiß waschen und etwas Schale in den Teig reiben, den Vanillezucker hinzufügen. Das Mehl mit dem Mondamin und dem Backpulver mischen, zum Teig geben und gut vermengen, anschließend die Milch einrühren.
Eine Springform (Durchmesser 26 cm) gut mit weicher Butter einfetten, kurz kühl stellen, den Teig zur Hälfte einfüllen und glattstreichen.
Das Eiweiß steif schlagen, den gesiebten Puderzucker und den Zitronensaft dazugeben. Die Hälfte der Baisermasse auf dem anderen Teigboden in der Springform verteilen, 20 g Mandelblättchen darüberstreuen. Den ersten Boden auf der untersten Stufe im vorgeheizten Backofen bei 170–180 Grad (Gas Stufe 2) 12–15 Minuten backen. Den Tortenboden noch 4 Minuten im ausgeschalteten Ofen ruhen lassen, herausnehmen und zum Auskühlen auf ein Kuchengitter geben. Den zweiten Boden genauso backen.
Für die Füllung den Weißwein (oder das Wasser) mit dem Zucker mischen und zum Kochen bringen. Das Mondamin mit wenig kaltem Wasser anrühren und mit dem heißen Wein verrühren, einmal aufkochen. Die Gelatine in etwas kaltem Wasser einwei-

chen und 10 Minuten quellen lassen, ausdrücken und mit der heißen Flüssigkeit so lange verrühren, bis sich die Gelatine gelöst hat. Die Zitronen heiß abwaschen und die Schale einer halben Zitrone in die Crème reiben, beide Zitronen auspressen und den Saft dazugeben. Die Zitronencrème kühl stellen. Die Sahne steif schlagen und mit der kühlen, aber noch nicht gelierten Crème verrühren und wieder kühl stellen. Die Mandeln in einer Pfanne ohne Fett goldgelb rösten, auf einem Teller abkühlen lassen.
Einen Tortenboden auf eine Platte legen, auf die Baisermasse knapp die Hälfte der Crème streichen, den zweiten Boden darübersetzen, die Seitenwände mit der restlichen Crème bestreichen und mit den Mandelblättchen belegen. *Foto links*

Erfrischende Zitronen-Orangen-Torte

Für den Mürbeteig:
350 g Mehl
70 g Zucker
1 Prise Salz
1 Päckchen echter Vanillezucker
1 Ei (Gew.-Kl. 2)
135 g kalte Butter

Butter für die Form

Für die Füllung:
125 g weiche Butter
40 g Puderzucker
⅛ l Weißwein
35 g Speisestärke (Mondamin)
100 g Zucker
4 Eigelb (Gew.-Kl. 2)
abgeriebene Schale einer halben unbehandelten Zitrone
Saft 1 Zitrone
Saft 1 Orange

Für den Guß:
250 g Puderzucker
1 Eiweiß, leicht geschlagen
1 EL Zitronensaft
1 EL Orangensaft
etwas abgeriebene Schale einer unbehandelten Orange
kandierte Zitronen- und Orangenscheiben (nach Geschmack)
20 g Mandelblättchen

Für den Teig alle Zutaten rasch verkneten und für mindestens 60 Minuten kühl stellen. Die Teigkugel dritteln (Teig genau abwiegen), es werden drei Tortenböden gebacken. Jedes Teigstück zwischen Klarsichtfolie dünn ausrollen. Den Boden einer Springform dünn mit Butter einfetten, den Teig daraufsetzen und mit einer Gabel mehrmals einstechen, damit die Luft entweichen kann. Einen Bogen Pergamentpapier darüberlegen und mit 200 g Hülsenfrüchten belegen. Im vorgeheizten Backofen bei 180–200 Grad, Umluft 160–180 (Gas Stufe 2–3) 10–15 Minuten backen. Das Papier mit den Hülsenfrüchten entfernen, den Boden zum Abkühlen auf ein Kuchengitter geben. Die beiden anderen Böden ebenso herstellen.

Für die Füllung die Butter mit dem gesiebten Puderzucker cremig rühren und beiseite stellen. Die restlichen Zutaten für die Füllung in einer Schüssel verrühren und im Wasserbad erhitzen, bis die Masse cremig ist. Sofort in eine Schüssel mit Eiswasser setzen und so lange kräftig schlagen, bis die Crème erkaltet ist. Jetzt nach und nach die schaumige Butter dazugeben und alles gut durchmischen.

Diese Crème zwischen die Tortenböden streichen und leicht andrücken. Für den Guß den gesiebten Puderzucker mit dem Eiweiß verrühren. Die Masse halbieren. Eine Hälfte mit dem Zitronensaft, die andere Hälfte mit dem Orangensaft und mit etwas abgeriebener Orangenschale verrühren. Falls der Guß zu flüssig ist, noch etwas Puderzucker hinzufügen. Die beiden Güsse abwechselnd kreisförmig mit dem Spritzbeutel oder mit Hilfe eines Löffels auf die Torte geben. Anschließend mit einem Holzstäbchen oder einem Löffelstiel die beiden Güsse in gleichmäßigem Abstand ineinanderziehen. Den restlichen Guß am Rand verstreichen. Die Oberfläche der Torte mit den halbierten Orangen- und Zitronenscheiben garnieren. Die Mandeln leicht in einer Pfanne ohne Fett rösten und abgekühlt an den Tortenrand drücken.

Die Torte vor dem Servieren mindestens 3 Stunden durchziehen lassen.

- Diese erfrischende Torte kann auch nur mit Zitronensaft oder nur mit Orangensaft hergestellt werden.

Sonntagstorte

Für den Biskuitteig:
8 Eier (Gew.-Kl. 2)
180 g Zucker
1 Päckchen echter Vanillezucker
1 Prise Salz
100 g Mehl
80 g Speisestärke (Mondamin)
½ TL Backpulver
4 EL flüssige Butter

Butter für die Form

Für die Füllung:
100 g weiße Schokolade
1 Päckchen echter Vanillezucker
abgeriebene Schale einer halben unbehandelten Orange
100 g zartbittere Schokolade
3 Eigelb
300 g Butter
160 g Puderzucker
2 cl Orangenlikör (z. B. Cointreau)
2 cl Whisky (oder Cognac)

Für den Guß:
100 g Zucker
1 EL Zitronensaft
2 EL süße Sahne
20 g Pinienkerne

Die Eier trennen. Eigelb mit 100 g Zucker sehr schaumig rühren. Den Vanillezucker und das Salz hinzufügen. Eiweiß steif schlagen und nach und nach den restlichen Zucker einrieseln lassen. Das Eiweiß über die Eigelbmasse geben. Darüber das Mehl mit dem Mondamin und dem Backpulver sieben und unterheben. Zum Schluß die Butter unterrühren.
Den Boden einer Springform (Durchmesser 26 cm) einfetten und dünn mit Mehl bestreuen. Von dem Teig werden sechs bis sieben gleich starke Tortenböden gebacken. Im vorgeheizten Backofen bei 190–200 Grad (Gas Stufe 3) 8–10 Minuten. Vor jedem Backen den Boden immer wieder gut einfetten und mit Mehl bestreuen. Die Tortenböden einzeln zum Abkühlen auf Kuchengitter stellen.
Für die Füllungen die weiße Schokolade zerbrechen und auf kleiner Flamme oder im Wasserbad schmelzen lassen (geht auch gut in der Mikrowelle), mit dem Vanillezucker und der Orangenschale würzen. In einem anderen Gefäß die zartbittere Schokolade schmelzen lassen. Eigelb mit der weichen Butter und dem Zucker schaumig rühren. Die Hälfte dieser Crème in eine andere Schüssel geben. In die erste Buttercrème eßlöffelweise die weiße geschmolzene Schokolade einrühren, mit dem Orangenlikör aromatisieren. In die restliche Buttercrème eßlöffelweise die geschmolzene zartbittere Schokolade einrühren und zum Schluß mit dem Whisky aromatisieren.
Für den Guß den schönsten Tortenboden bereitlegen. Den Zucker mit dem Zitronensaft und 1 EL Wasser so lange auf kleiner Flamme erhitzen, bis der Sirup goldgelb ist. Etwas abkühlen lassen. Dann langsam die Sahne zugießen (Vorsicht: Es schäumt stark). Den flüssigen Karamel rasch auf den bereitliegenden Tortenboden gießen, mit einem eingefetteten Messer glattstreichen und sofort am Rand dick mit Pinienkernen bestreuen. Bevor der Guß völlig erstarrt ist, die einzelnen Tortensegmente (12 bis 16 Stück) mit einem Messer eindrücken.
Jetzt einen anderen Tortenboden auf eine Kuchenplatte legen und mit der hellen Crème bestreichen, den zweiten Tortenboden darüber leicht andrücken und mit der dunklen Crème bestreichen usw. Zum Schluß mit Guß verzierten Tortenboden daraufsetzen. Mit der restlichen Crème den seitlichen Tortenrand bestreichen. Vor dem Servieren mindestens 3 Stunden kühl stellen.

Feine Nuß-Sahne-Torte

Für den Teig:
9 Eier (Gew.-Kl. 2)
300 g Zucker
3 gestrichene EL Speisestärke (Mondamin)
1 gestrichener TL Backpulver
1 Prise Salz
etwas Zitronensaft
180 g fein gemahlene Haselnüsse
180 g fein gemahlene Mandeln
180 g fein gemahlene Walnüsse

Butter für die Form
1 EL Semmelbrösel

Für die Füllung:
½ l Schlagsahne (500 g)
2 Päckchen Sahnesteif
2–3 EL Puderzucker
einige ganze Nußkerne und Schoko-Streusel zum Garnieren

Für diese Torte werden nacheinander drei Tortenböden gebacken. Für den ersten Boden drei Eier trennen und das Eigelb mit 100 g Zucker schaumig rühren bis der Zucker sich gelöst hat. 1 EL Mondamin mit ⅓ TL Backpulver mischen und mit der Eigelbmasse verrühren. Drei Eiweiß mit einer Prise Salz steif schlagen, zum Schluß einige Tropfen Zitronensaft unter den Eischnee heben. Von den Haselnüssen 30 g beiseite stellen, die restlichen Haselnüsse zuerst mit dem Eigelb mischen, dann nach und nach das geschlagene Eiweiß unterheben. Eine Springform (Durchmesser 26 cm) gut mit weicher Butter einfetten, mit einigen Semmelbröseln bestreuen, kurz kühl stellen. Dann den Teig einfüllen.

Den Haselnußboden im vorgeheizten Backofen bei 180–190 Grad (Gas Stufe 2–3) 20–25 Minuten backen. Den Boden aus der Form lösen, auf einem Kuchengitter abkühlen lassen. Mandelboden und Walnußboden auf die gleiche Weise herstellen.
Die gut gekühlte Sahne mit dem Sahnesteif und dem gesiebten Puderzucker steif schlagen, anschließend die beiseitegestellten Haselnüsse, Mandeln und Walnüsse unterheben.
Etwas Nußsahne auf den Haselnußboden streichen, Mandelboden darübersetzen, wieder mit etwas Nußsahne bestreichen und den Walnußboden daraufsetzen. Zum Schluß die Torte rundherum mit der restlichen Sahne bestreichen, mit Schokostreuseln und einigen Nußkernen dekorieren. Die Torte vor dem Servieren mindestens 2 Stunden kühl stellen.

- Diese Torte kann auch mit nur einer Nußsorte hergestellt werden. In diesem Fall kann der Kuchen auf einmal gebacken und später zweimal durchgeschnitten werden.
- Der Teig kann mit 100 g feingehacktem Zitronat oder Orangeat gewürzt werden. In diesem Fall sollte der untere Tortenboden mit Zitronengelee oder Orangenmarmelade bestrichen werden.
- Die Nußsahne kann zusätzlich mit 30 g fein geriebener Schokolade gesüßt und gewürzt werden.

Foto links

Geburtstagskuchen

Für den Rührteig:
220 g weiche Butter
5 Eier (Gew.-Kl. 2)
220 g Zucker
1 Prise Salz
1 Päckchen echter Vanillezucker
abgeriebene Schale einer halben unbehandelten Zitrone (oder 1 Beutel Citroback)
½ TL Zimt
6 cl Sherry (cream)
150 g Mehl
100 g Speisestärke (Mondamin)
½ TL Backpulver

Butter für die Form

Für den Guß:
250 g Puderzucker
Sherry (cream)
2 EL Zitronensaft
Zuckerschrift, goldene Zuckerperlen, rote Belegkirschen, Pistazien, verschiedene Nüsse, 1 Foto des Geburtstagskindes, Minikerzen

Die Butter sehr schaumig schlagen. Die Eier mit dem Zucker, dem Salz und dem Vanillezucker in einem anderen Gefäß ebenfalls sehr schaumig rühren. Nach und nach die Butter hinzufügen und gut verrühren. Die Zitronenschale, den Zimt und den Sherry ebenfalls gut unterrühren. Das Mehl mit dem Mondamin und dem Backpulver mischen und in die Schüssel sieben. Den Teig so lange rühren, bis er Blasen wirft.
Eine Crazy-Backform, beispielsweise Maus, Bär, Auto oder ähnliches (oder eine Springform, Durchmesser 28 cm) einfetten und kurz kühl stellen. Den

Teig einfüllen und glattstreichen. Im vorgeheizten Backofen 170–190 Grad (Gas Stufe 2–3) 60–70 Minuten backen. 10 Minuten in der Form abkühlen lassen, dann auf ein Kuchengitter stürzen.
Den gesiebten Puderzucker mit etwas Sherry und Zitronensaft zu einer zähflüssigen Crème verrühren und den abgekühlten Kuchen damit überziehen. Mit der Zuckerschrift den Glückwunsch schreiben. Aus den Zuckerperlen eine Kette mit einem Anhänger formen, das kleine Foto des Beglückwünschten in die Mitte des Anhängers setzen. Beliebig aus ganzen oder halbierten Kirschen und Nüssen Blüten formen, mit Zuckerschrift garnieren. Eine oder mehrere Minikerzen auf den Kuchen stecken.

Katzentorte für Geburtstagskinder

<u>Für den Biskuitteig:</u>
5 Eier (Gew.-Kl. 2)
4 EL lauwarmes Wasser
150 g Zucker
1 Prise Salz
100 g Mehl
60 g Speisestärke (Mondamin)
1 gestrichener TL Backpulver
1 unbehandelte Zitrone
60 g gemahlene Haselnüsse

Butter für die Form
2 EL gemahlene Haselnüsse

<u>Für die Garnierung:</u>
150 g Halbbitter-Kuvertüre
150 g weiße Kuvertüre
einige bunte Zuckerperlen, Smarties, bunte Bonbons

Die Eier trennen. Das Eigelb mit dem Wasser cremig rühren. Den Zucker und das Salz hinzufügen. Das Mehl mit dem Mondamin und dem Backpulver mischen, darübersieben. Die Zitrone heiß abwaschen und etwas Schale für den Teig abreiben, die gemahlenen Haselnüsse zum Teig geben und alles vorsichtig mischen. Das Eiweiß mit 1 Prise Salz steif schlagen und unter den Teig heben. Die Katzenform gut mit weicher Butter einfetten und mit den Haselnüssen ausstreuen, kurz kühl stellen. Dann den Teig einfüllen. Im vorgeheizten Backofen bei 180–200 (Gas Stufe 2–3) 45–55 Minuten backen. Den Kuchen einige Minuten in der Form ruhen lassen, dann zum Auskühlen auf ein Kuchengitter stürzen.

Die zerkleinerte Kuvertüre in getrennten Gefäßen schmelzen, durchrühren, auf Zimmertemperatur abkühlen lassen, dann nochmals erwärmen. Der Katze nach Geschmack ein schwarzweißes Fell zaubern und mit dem Zuckerwerk dekorieren.

Foto links

Punschtorte für Sternstunden

Für den Biskuitteig:
6 Eier (Gew.-Kl. 2)
200 g Zucker
2 cl Rum
1 Päckchen echter Vanillezucker
200 g gemahlene Walnüsse
50 g Mehl
50 g Speisestärke (Mondamin)
2 gestrichene TL Backpulver
1 Prise Salz

Butter für die Form
2 EL gemahlene Walnüsse

Für den Punsch:
¼ l nicht zu herber Rotwein
5 EL Himbeersirup
125 g Zucker
1 Zimtstange
1 Messerspitze Lebkuchengewürz
3 Nelken
1 Stück Schale einer unbehandelten Zitrone

Für den Guß:
250 g Puderzucker
1 Eiweiß
2 cl Rum
einige Tropfen Zitronensaft
Zum Garnieren buntes Zuckerwerk (Bonbons, Kekse, Schokoherzen und -blätter, Zuckerperlen in Gold und Silber)
oder Walnußhälften, Schoko-Streusel, gemahlene Nüsse

Die Eier trennen, das Eigelb mit dem Zucker, dem Rum und dem Vanillezucker cremig rühren, nach und nach die gemahlenen Walnüsse daruntergeben. Das Mehl mit dem Mondamin und dem Backpulver mischen und über den Teig sieben. Das Eiweiß mit

dem Salz steif schlagen und unter die Masse heben. Eine Sternschnuppenform gut mit weicher Butter einfetten, mit den Walnüssen ausstreuen und kurz kühl stellen. Den Teig in die Form füllen und im vorgeheizten Backofen bei 170–190 Grad (Gas Stufe 2–3) 60–70 Minuten backen, anschließend zum Auskühlen auf ein Kuchengitter stürzen.
Für den Punsch alle Zutaten in einem Topf erhitzen und abkühlen lassen, anschließend durch ein Sieb gießen.
Den Kuchen auf ein großes Stück Alu-Folie setzen und mit einem Holzstäbchen mehrmals einstechen. Den abgekühlten Punsch langsam über den Kuchen gießen und so lange auf der Alu-Folie liegen lassen, bis der Kuchen den gesamten Punsch aufgesogen hat. Anschließend auf eine große Platte setzen.
Für den Guß den gesiebten Puderzucker mit dem Eiweiß und dem Rum verrühren und mit etwas Zitronensaft abschmecken. Den nicht zu flüssigen Guß über die Sternschnuppe streichen. Bevor der Guß völlig getrocknet ist, nach Geschmack garnieren.

Foto links

Kiwi-Sahne-Torte

Für den Biskuitteig:
4 Eier (Gew.-Kl. 2)
4 EL kaltes Wasser
160 g Zucker
1 Päckchen echter Vanillezucker
80 g Speisestärke (Mondamin)
80 g Mehl
1 gestrichener TL Backpulver

Butter für die Form
1 unbehandelte Zitrone

Für den Belag:
800 g süße Sahne
2 Päckchen Sahnesteif
30 g Zucker
1 Päckchen echter Vanillezucker
2 EL Rum
4–5 reife Kiwis
1–2 Kiwis zum Verzieren

Die Eier trennen. Das Eiweiß mit dem Wasser steif schlagen. Nach und nach den Zucker und den Vanillezucker einrieseln lassen. Die vier Eigelb in einer Tasse verrühren, dann unter das Eiweiß mischen. Die Speisestärke mit dem Mehl und dem Backpulver mischen, über die Eiweißmasse sieben und unterheben.
Den Boden einer Springform (Durchmesser 26 cm) einfetten, den Teig einfüllen und die Biskuitmasse im vorgeheizten Backofen bei 180–190 Grad (Gas Stufe 2–3) 40–45 Minuten backen. Den Kuchen in der Form 30 Minuten auskühlen lassen, dann auf ein Kuchengitter stürzen. Nach dem völligen Erkalten den Kuchen zweimal durchschneiden.

Die Zitrone heiß waschen, trocknen und die Schale in feinen Streifen mit einem Zestenreißer abschneiden und beiseite stellen. Die Zitrone auspressen und den untersten Tortenboden mit dem Saft beträufeln.
Die Sahne mit dem Sahnesteif, dem Zucker und dem Vanillezucker sehr steif schlagen. 6 EL Sahne mit dem Rum mischen und auf den untersten Boden streichen, den zweiten Boden darübersetzen und leicht andrücken. Die Kiwis schälen und in dünne Scheiben schneiden. Den zweiten Boden mit den Kiwischeiben belegen. Etwa die Hälfte der Sahne kuppelartig darüberstreichen. Die dritte Kuchenplatte bis zur Mitte einschneiden und über die Sahne geben, leicht andrücken. Die restliche Sahne darüber streichen und mit einem Löffelrücken wellenförmige Vertiefungen eindrücken. Die restlichen Kiwis schälen und klein schneiden. Die Torte mit Kiwistücken und den beiseitegelegten Zitronenschalenstreifen garnieren.

Foto links

Feines Gebäck aus Rühr- und Hefeteig

Englische Früchte-Schnitten

Für den Rührteig:
170 g Butter
170 g Zucker
1 Päckchen echter Vanillezucker
je 1 Messerspitze Zimt, Nelken, Muskatblüte, gemahlen
etwas abgeriebene Schale einer unbehandelten Zitrone
3 gemahlene bittere Mandeln
4 Eier (Gew.-Kl. 2)
160 g Mehl
80 g Speisestärke (Mondamin)
1 ½ gestrichene TL Backpulver
2 cl Rum
60 g Rosinen
50 g Korinthen
130 g kandierte Früchte wie Kirschen, Ananas, Aprikosen, Orangeat, Zitronat

Butter für die Form

Für den Guß:
180 g Puderzucker
2 cl Rum
etwas heißes Wasser
kandierte Kirschen und Pistazien zum Garnieren

Die Butter mit dem Zucker schaumig rühren, die Gewürze und nach und nach die Eier hinzufügen. Das Mehl mit dem Mondamin und dem Backpulver mischen, nach und nach mit der Butter-Zucker-Eier-Masse verrühren, zwischendurch den Rum dazugeben. Der Teig ist richtig, wenn er schwer vom Löffel reißt. Rosinen, Korinthen und die gehackten kandierten Früchte zum Schluß unter den Teig heben.
Den Boden einer Viereckform mit gefettetem Backpapier auslegen, den Teig einfüllen. Im vorgeheizten Backofen bei 170–190 Grad, Umluft 150–170 Grad, (Gas Stufe 2–3) 60–65 Minuten backen. Den Teig kurz in der Form abkühlen lassen, dann auf ein Kuchengitter stürzen und das Backpapier abziehen.
Für den Guß den gesiebten Puderzucker mit dem Rum und einigen Tropfen heißem Wasser glattrühren. Den Kuchen in kleine Rechtecke schneiden, die Oberfläche mit dem Guß bestreichen und mit den kandierten Kirschen und Nüssen garnieren, bevor der Guß erstarrt ist.

- Die einzelnen Kuchenschnitten können rundherum mit Rumglasur bestrichen werden. Dafür sind jedoch 300 g Puderzucker nötig. Der Kuchen kann auch in einer Kastenform gebacken werden.

Foto rechts

Hefezopf mit drei Füllungen

Für den Hefeteig:
750 g Mehl
1 Würfel Hefe
1 TL Zucker
3/8 l lauwarme Milch
12 EL Öl (z. B. Mazola) oder 150 g weiche Butter
80 g Zucker
1 gute Prise Salz
1 Päckchen echter Vanillezucker

Für die Aprikosen-Füllung:
100 g getrocknete Aprikosen
gut 2 cl Apricot Brandy
100 g Marzipan-Rohmasse

Für die Pistazien-Füllung:
50 g gemahlene Pistazien
100 g Marzipan-Rohmasse
2–3 EL Milch

Für die Mohn-Füllung:
50 g gemahlener Mohn
1/8 l heiße Milch
100 g Marzipan-Rohmasse
1 Messerspitze Zimt
etwas abgeriebene Zitronenschale einer unbehandelten Zitrone (oder 1 Beutel Citro-back)

Zum Bestreichen:
1 Eigelb
1 EL Milch
20 g Hagelzucker

Das Mehl in eine Schüssel sieben, mit einem Kochlöffel eine Mulde hineindrücken und die Hefe hineinbröckeln, mit dem Zucker bestreuen und mit 6 EL lauwarmer Milch den Vorteig anrühren. Die Schüssel mit einem Küchentuch abdecken und 10 Minuten an einem warmen Ort gehen lassen. Den Vorteig mit etwas Mehl bestäuben und die restlichen Zutaten hinzufügen. Den Teig gut und gründlich kneten. In die bemehlte Schüssel zurücklegen, abdecken und an einem warmen Ort mindestens 60 Minuten gehen lassen.

In der Zwischenzeit die drei Füllungen herstellen. Die Aprikosen klein hakken, mit dem Apricot Brandy übergießen und 30 Minuten ziehen lassen, dann mit der Marzipan-Rohmasse verkneten.

Die fein gehackten Pistazien ebenfalls mit der Marzipan-Rohmasse und der Milch verkneten.

Für die Mohn-Füllung den Mohn mit der heißen Milch übergießen und einige Minuten ausquellen lassen. Überschüssige Flüssigkeit abgießen, anschließend mit der Marzipan-Rohmasse, dem Zimt und der Zitronenschale verkneten.

Den gegangenen Hefeteig in drei gleichgroße Stücke teilen und jedes Stück etwa 40 cm lang ausrollen. Auf jeden Streifen eine der Füllungen streichen. Die Streifen längs aufrollen und aus den drei Strängen einen Zopf flechten.

Ein Backblech mit Backpapier auslegen, den Hefezopf daraufsetzen und zugedeckt nochmals 20 Minuten gehen lassen. Anschließend im vorgeheizten Backofen bei 180 bis 200 Grad (Gas Stufe 2–3) 30–40 Minuten goldgelb backen. Ungefähr 10 Minuten vor Ende der Backzeit, den Zopf mit einem Gemisch aus Eigelb und Milch bestreichen und mit dem Hagelzucker bestreuen.

- Soll dieser gefüllte Hefezopf auf Ihrer Ostertafel stehen, dann backen Sie aus Teigresten kleine Osterhasen: Formen Sie aus dem Teig den Körper, den Kopf, die Ohren und einen kleinen runden Schwanz. Das Auge besteht aus einer Rosine. Bestreichen Sie die Hasen mit einer Mischung aus Eigelb und Milch und backen Sie sie bei 180 Grad (Gas Stufe 2) etwa 20 Minuten.

Foto Seite 64/65

Osterlämmchen

<u>Für den Rührteig:</u>
100 g weiche Butter
80 g Zucker
1 Päckchen echter Vanillezucker
2 Eier (Gew.-Kl. 2)
50 g Speisestärke (Mondamin)
125 g Mehl
1 gestrichener TL Backpulver
50 g gemahlene Mandeln
1 EL Mandellikör (Amaretto)
etwas Butter und Mehl für die Form

<u>Zum Bestreichen:</u>
Aprikosenmarmelade (oder Ananasmarmelade) zum Bestreichen
50 g Puderzucker
1–2 EL Zitronen-, Aprikosen- oder Ananassaft
50 g Kokosflocken
2 rote oder blaue Zuckerperlen

Butter mit dem Zucker und dem Vanillezucker schaumig rühren. Die Eier dazugeben. Das Mondamin mit dem Mehl und dem Backpulver mischen, in die Schüssel sieben und gut vermengen. Zum Schluß die Mandeln und den Amaretto hinzufügen.
Die Form gut einfetten und mit etwas Mehl bestäuben, den Teig einfüllen und im vorgeheizten Backofen bei 190 Grad, Umluft 150–170 Grad (Gas Stufe 2–3) 55–60 Minuten backen. In der Form abkühlen lassen. Die Stellfläche gerade schneiden. Die Marmelade etwas erwärmen und das Lämmchen damit bestreichen. Den gesiebten Puderzucker mit etwas Flüssigkeit glatt rühren und das Gebäck damit überziehen. Sofort mit den Kokosraspeln bestreuen. Für die Augen die Zuckerperlen fixieren.

Sächsische Eierschecke »Winkler«

<u>Für den Hefeteig:</u>
250 g Mehl
½ Würfel Hefe
40 g Zucker
etwa ⅛ l lauwarme Milch
etwas abgeriebene Zitronenschale (oder 1 Beutel Citro-back)
1 kleines Ei
70 g Butter
Butter für die Form

<u>Für die Füllung:</u>
1 kg Schichtkäse
2 cl Rum oder Cognac
2 gehäufte EL Zucker
1 Päckchen echter Vanillezucker
Saft und Schale einer halben unbehandelten Zitrone
2 Eier (Gew.-Kl. 2)
1 gehäufter EL Speisestärke (Mondamin)

<u>Für den Belag:</u>
350 ccm Milch
200 g Butter
200 g Zucker
2 Päckchen echter Vanillezucker
4 gestrichene EL Speisestärke (Mondamin)
4 Eier (Gew.-Kl. 2)
1 Prise Salz

Für den Teig das Mehl in eine Schüssel sieben und mit einem Kochlöffel eine Mulde drücken, die Hefe hineinbröckeln, mit 1 TL Zucker bestreuen und mit etwas lauwarmer Milch den Vorteig anrühren. Die Schüssel abdecken und an einem warmen Ort 10 Minuten gehen lassen. Anschließend den Vorteig mit etwas Mehl bestäuben und die restlichen Zutaten hinzufügen und gründlich schlagen und kneten, bis der Teig glänzend und elastisch ist. Bei Bedarf etwas Milch oder Mehl hinzufügen. Die Teigkugel zurück in die leicht bemehlte Schüssel legen, abdecken und an einem warmen Ort 30 Minuten gehen lassen. Eine Springform (ca. 32 cm Durchmesser) gut einfetten, kurz kühl stellen. Den Teig ausrollen und in die Form legen. Einen etwa 3 cm hohen Rand formen. Abdecken und nochmals 30 Minuten gehen lassen.
In der Zwischenzeit die Quarkmasse herstellen. Den Schichtkäse mindestens 1 Stunde in einem Sieb abtropfen lassen. Anschließend mit allen Zutaten gründlich verrühren.
Für die Eierschecke die Milch mit der Butter, dem Zucker und dem Vanillezucker zum Kochen bringen. Das Mondamin mit etwas kaltem Wasser anrühren und in die kochende Milch gießen, einmal aufkochen, dann abkühlen lassen. Die Eier trennen. Das Eigelb unter die abgekühlte Crème rühren, das Eiweiß mit dem Salz steif schlagen und ebenfalls unter die abgekühlte Crème heben.
Zunächst den Quark auf den Hefeteig streichen, darüber die Eierschecke gießen und glattstreichen. Im vorgeheizten Backofen bei 180–200 Grad (Gas Stufe 2–3) 35–45 Minuten backen. Falls die Oberfläche zu dunkel wird, mit einem Bogen Pergamentpapier abdecken. Den Kuchen im leicht geöffneten und ausgeschalteten Backofen 30 Minuten abkühlen lassen, dann zum völligen Auskühlen auf ein Kuchengitter setzen.

Apfel-Pecannuß-Kuchen

Für den Rührteig:
450 g aromatische Äpfel
⅛ l Apfelwein, Weißwein oder Wasser
2 EL Zucker
100 g Butter
80 g Rohrzucker (aus dem Reformhaus)
1 kräftige Prise Salz
2 Eier (Gew.-Kl. 2)
1 TL Zimt
½ TL Lebkuchengewürz
½ TL abgeriebene Schale einer unbehandelten Zitrone
150 g Mehl
50 g Speisestärke (Mondamin)
1 gehäufter TL Backpulver
150 g Pecan-Nußkerne (mit einem Messer längs 3–4mal durchschneiden)

Butter für die Form
1 EL Semmelbrösel

Zum Garnieren:
200 g Puderzucker
3–4 EL Apfelwein (oder Apfelsaft)
12 halbe Pecannüsse
12 Cocktailäpfel (aus der Dose)

Die Äpfel schälen, vierteln und das Kerngehäuse herausschneiden. Die Apfelviertel längs in 2 mm dicke Scheiben schneiden.
Den Apfelwein mit dem Zucker in einem weiten Topf zum Kochen bringen, die Apfelscheiben hineingeben. Abdecken und auf ausgeschalteter Herdplatte 15 Minuten ziehen lassen. Zwischendurch die Apfelspalten einmal umrühren.
Die Äpfel vom Herd nehmen und in dem Topf abkühlen lassen, dann in ein Sieb legen und abtropfenlassen. Die Äpfel sollen gar, aber noch fest sein.
Die weiche Butter mit dem Rohrzucker schaumig rühren, das Salz, die Eier und die Gewürze hinzufügen und gut vermengen. Das Mehl mit dem Mondamin und dem Backpulver mischen, zu dem Teig sieben und gründlich verrühren. Zum Schluß die Nüsse und die Äpfel unter den Teig heben.
Eine Tortenform (26 cm Durchmesser oder Gugelhupfform) gut mit weicher Butter einfetten, mit Semmelbröseln ausstreuen und kurz kühl stellen. Den Teig einfüllen und im vorgeheizten Backofen bei 170–190 Grad, Umluft 150–170 Grad (Gas Stufe 2–3) 55–65 Minuten backen. Den Kuchen in der Form etwas abkühlen lassen, dann auf ein Kuchengitter stürzen.
Für den Guß den gesiebten Puderzucker mit etwas Apfelwein oder Apfelsaft verrühren und großzügig über den erkalteten Kuchen gießen. Auf jedes Tortensegment eine halbe Pecannuß und einen kleinen Cocktailapfel setzen. Den Kuchen in 12 Stücke schneiden.

- Wer's ohne Guß mag, bestreut den Kuchen vor dem Servieren mit Puderzucker und Kakaopulver. Dazu schmeckt frisch geschlagene süße Sahne. *Foto rechts*

Zimt-Streusel-Kuchen

Für den Rührteig:
300 g Mehl
100 g Speisestärke (Mondamin)
200 g Zucker
knapp ¼ TL Salz
180 g kalte Butter
2 leicht gehäufte TL Backpulver
2 Eier (Gew.-Kl. 2)
knapp ¼ l Milch

Butter für die Form

Für den Belag:
60 g kalte Butter
2 TL Zimt
2 EL Rohrzucker (aus dem Reformhaus)
200 g Mehl
Puderzucker und Zimt zum Bestreuen

Das Mehl mit dem Mondamin, dem Zucker und dem Salz in einer Schüssel mischen, die kalte Butter in Flöckchen darübergeben und schnell mit den Fingern zu kleinen Krümeln verarbeiten. 200 g von diesen Streuseln beiseite stellen. Die restlichen mit dem Backpulver, den verrührten Eiern und der Milch gut mischen. Eine Viereckform oder ein Backblech einfetten, kurz kühl stellen, den Teig einfüllen. (Bei Verwendung eines Backblechs falten Sie aus Alu-Folie einen stabilen, backblechlangen Streifen. Damit stützen Sie den Teig ab; der Teig ist nur für gut die Hälfte des Backblechs berechnet.)
Für den Belag aus den beiseitegestellten Streuseln mit der kalten Butter (in Flöckchen), dem Zimt, dem Rohrzucker und dem Mehl zwischen den Handflächen Streusel herstellen und

den Teig damit belegen. Den Kuchen im vorgeheizten Backofen bei 170–190 Grad, Umluft 150–170 Grad (Gas Stufe 2–3) 45–55 Minuten backen.
Den Kuchen 30 Minuten in der Form auskühlen lassen, dann auf ein Kuchengitter stellen und mit dem Puderzucker und dem Zimt bestreuen. Den Kuchen in Würfel schneiden.

Pistazien-Sandkuchen

300 g weiche Butter
250 g Zucker
5 Eier (Gew.-Kl. 2)
1 TL Lecithin (aus dem Reformhaus)
1 gute Prise Salz
1 Tüte echter Vanillezucker
abgeriebene Schale einer unbehandelten Zitrone (oder 1 Beutel Citro-back)
300 g Speisestärke (Mondamin)
100 g Mehl
2 TL Backpulver
2 cl Rum
150 g fein gemahlene Pistazien

Butter für die Form
Puderzucker zum Bestreuen

Die Butter mit dem Zucker schaumig rühren, drei Eigelb und zwei ganze Eier dazugeben und kräftig weiterrühren, bis sich der Zucker gelöst hat. Anschließend das Lecithin, das Salz, den Vanillezucker und die Zitronenschale hinzufügen.
Das Mondamin mit dem Mehl und dem Backpulver mischen und nach und nach in die Schaummasse sieben und unterrühren. Zum Schluß den Rum und die fein gemahlenen Pistazien zum Teig geben.
Eine Kastenform (26–30 cm lang) gut mit weicher Butter einfetten, kurz kühl stellen, anschließend den Teig einfüllen. Im vorgeheizten Backofen bei 170–190 Grad (Gas Stufe 2–3) 65–75 Minuten backen.
Den Sandkuchen zum Abkühlen auf ein Kuchengitter stürzen und vor dem Servieren mit Puderzucker bestäuben.

- Wem die grüne Farbe nicht gefällt, der verwendet statt der Pistazien gemahlene Mandeln für den Teig.
- Wer's dagegen bunt mag, der backt den Sandkuchen in einer runden Tortenform und überzieht ihn mit einem hellgrünen Zuckerguß aus 200 g gesiebtem Puderzucker, Zitronensaft und grüner Speisemittelfarbe; soll's eine Ostertorte werden, kann der Kuchen mit bunten Dragee-Eiern und Schokoladennestern verziert werden.

Eine weitere Variante ist der gefüllte Sandkuchen:

- Für einen besonderen Anlaß kann dieser feine Sandkuchen auch zweimal durchgeschnitten und mit Zitronengelee bestrichen werden. Die Seiten des Kuchens ebenfalls mit leicht erwärmtem Gelee bestreichen und mit gehackten Pistazien oder Mandeln belegen. Die Oberfläche des gefüllten Kuchens mit einer Masse aus einem steif geschlagenen Eiweiß, 50 g Puderzucker, 50 g fein gemahlenen Pistazien und 1 TL Zitronensaft mit Hilfe eines Spritzbeutels verzieren und unter dem vorgeheizten Grill kurz überbräunen. *Foto links*

Aprikosen-Käsekuchen mit Pistazien

<u>Für den Rührteig:</u>
175 g weiche Butter
1 Päckchen echter Vanillezucker
150 g Zucker
3 Eier (Gew.-Kl. 2)
75 g Speisestärke (Mondamin)
200 g Mehl
1 gestrichener TL Backpulver
1 Prise Salz
2 EL Milch

Butter fürs Backblech

<u>Für den Belag:</u>
750 g Magerquark
150 g Butter
100 g Zucker
1 Päckchen echter Vanillezucker
2 Eier (Gew.-Kl. 2)
100 g Speisestärke (Mondamin)
1 gestrichener TL Backpulver
800–1000 g frische oder gedünstete Aprikosen
50 g gehackte Pistazien
3 EL Aprikosenmarmelade
1– EL Aprikosengeist oder Wasser

Die Butter mit dem Vanillezucker und dem Zucker schaumig rühren. Nach und nach die Eier hinzufügen. Die Speisestärke mit dem Mehl und dem Backpulver mischen, Salz dazugeben. Zum Schluß die Milch in den Teig rühren. Den Teig auf ein gut gefettetes Blech streichen und im vorgeheizten Backofen bei 170–190 Grad (Gas Stufe 2–3) 12–15 Minuten vorbacken.
Für den Belag zuerst den Quark gut 1 Stunde in einem Sieb abtropfen lassen. Die Butter mit dem Zucker und

dem Vanillezucker schaumig rühren, anschließend den Quark und die Eier dazugeben und gut mischen. Das Mondamin mit dem Backpulver mischen und mit der Quarkmasse verrühren. Diese Masse auf den vorgebackenen Teig streichen, die Aprikosen mit der Schnittfläche nach oben leicht in den Quark eindrücken und mit den Pistazien bestreuen. Bei 170–190 Grad, Umluft 150–170 Grad (Gas Stufe 2–3) 40–45 Minuten fertigbacken.

Die Aprikosenmarmelade mit dem Aprikosengeist oder dem Wasser verrühren, und den warmen Kuchen damit dünn bestreichen.

- Dieser Kuchen kann auch mit einem Hefeteig gebacken werden: 500 g Mehl, 1 Würfel Hefe, 100 g Zucker, 1 Prise Salz, 75 g Butter, 6 EL Keimöl, etwa ⅛ l warme Milch.

Foto links

Zebra-Stangen

Für den Rührteig:
250 g weiche Butter
250 g Zucker
1 Päckchen echter Vanillezucker
6 Eier (Gew.-Kl. 2)
150 g Mehl
100 g Speisestärke (Mondamin)
2 TL Backpulver
1 Prise Salz
40 g Kakao

Butter für die Form
Orangen- oder Mandellikör (Cointreau oder Amaretto) zum Beträufeln

Für die Füllung:
½ l süße Sahne
100 g Marzipan-Rohmasse
1 gestrichener EL Zucker
1 Päckchen echter Vanillezucker
2 gestrichene EL Speisestärke (Mondamin)

Zum Garnieren:
50 g bittere Schokolade
50 g weiße Schokolade

Die Butter schaumig rühren, Zucker und Vanillezucker einrieseln lassen. Die Eier trennen, das Eiweiß beiseite stellen, das Eigelb nacheinander mit der Butter-Zucker-Mischung verrühren. Das Mehl mit dem Mondamin und dem Backpulver mischen, in den Teig sieben und vermengen. Das Eiweiß mit dem Salz steif schlagen und unter den Teig heben. Eine Viereckform (35 × 24 × 5 cm) oder eine andere Form gut einfetten, die Hälfte des Teigs einfüllen und im vorgeheizten Backofen bei 200–220 Grad (Gas Stufe 3–4) 10–15 Minuten backen. Den hellen Kuchenboden zum Abkühlen auf ein Kuchengitter legen. Die Form wieder einfetten. Die zweite Hälfte des Teigs mit dem Kakao mischen, in die Form geben und wie den ersten Boden backen und auskühlen lassen.
Beide Böden leicht mit dem Likör beträufeln.
Für die Füllung zunächst das zerkleinerte Marzipan mit etwas Sahne verrühren und mit der restlichen Sahne, dem Zucker und dem Vanillezucker aufkochen. Das Mondamin mit etwas kaltem Wasser anrühren und in die heiße Flüssigkeit gießen, einmal aufkochen, dann abkühlen lassen.
Den hellen Boden mit der Crème bestreichen, den dunklen Boden darübersetzen und leicht andrücken.
Die Schokolade zerkleinern und in getrennten Gefäßen schmelzen lassen. Aus Pergamentpapier eine Tüte formen, die unten leicht geöffnet ist. Zuerst mit der dunklen Schokolade dünne Wellen auf den Kuchen anbringen, dann mit der hellen Schokolade. Den Kuchen in gleichgroße Stangen (etwa 3–4 cm breit und 9 cm lang) schneiden und vor dem Servieren mindestens noch 3 Stunden durchziehen lassen.

Aufläufer (nach Frau Winkler)

Für den Teig:
6 Eigelb (Gew.-Kl. 2)
7 EL Rum (oder Cognac)
6 EL Mehl
1 EL Speisestärke (Mondamin)
gut 6 EL Keimöl

Für den Belag:
50–60 g Butter
2 Päckchen echter Vanillezucker
2 EL Puderzucker
Marmelade, Nüsse, Schoko-Streusel (nach Geschmack)

Das Eigelb schaumig rühren, den Rum hinzufügen, das Mehl mit dem Mondamin darübersieben, das Öl dazugeben und zu einem glatten Teig verarbeiten. Ein Backblech mit Backpapier belegen, den Teig daraufgeben. Den Backofen auf 200 Grad (Gas Stufe 3) vorheizen und den Kuchen in 10–15 Minuten goldgelb backen. Erschrecken Sie nicht, wenn sich Mulden bilden – das ist normal.
Während der Kuchen abkühlt, wird die Butter erwärmt und vorsichtig über den abgekühlten Kuchen gegossen. Dieser Vorgang kann öfter wiederholt werden, damit der ganze Kuchen gut mit Butter überzogen ist. Anschließend den Aufläufer mit Vanillezucker und Puderzucker bestäuben.

- Die Mulden können mit wenig rotem Johannisbeergelee oder fein gehackten Walnüssen gefüllt werden.

Foto links

Feiner Bienenstich

Für den Hefeteig:
500 g Mehl
1 Würfel Hefe
1 TL Zucker
4 EL lauwarme Milch
70 g Zucker
9 EL Keimöl
knapp ¼ l lauwarme Milch

Für den Belag:
50 g Butter
6 EL Keimöl
160 g Zucker
1 EL Honig
3 EL süße Sahne
1 unbehandelte Zitrone
200 g Mandelblättchen
100 g fein gehackte kandierte Ananas (oder Früchte-Mix)
25 g grob gehackte Pistazien

Für die Füllung:
½ l Milch
1 Päckchen Vanille-Puddingpulver
4 EL Zucker
1 Tüte echter Vanillezucker
2 cl Mandellikör (nach Geschmack)
160 g weiche Butter

Das Mehl in eine Schüssel sieben, mit einem Kochlöffel in die Mitte eine Mulde drücken und die Hefe hineinbröckeln, den Zucker und etwas Mehl darübergeben und mit der lauwarmen Milch den Vorteig anrühren. Die Schüssel mit einem Küchentuch abdecken und an einem warmen Ort mindestens 10 Minuten gehen lassen. Anschließend den Vorteig mit etwas Mehl bestreuen, den Zucker, das nicht zu kalte Öl und ein wenig Milch dazugeben und kräftig kneten. Falls der Teig zu fest ist, noch etwas Milch nachgießen. Den Teig so lange schlagen und kneten, bis er sich leicht von der Schüssel löst. Die Schüssel mit etwas Mehl bestäuben, den Teigkloß hineinsetzen, abdecken und an warmem Ort so lange gehen lassen, bis sich der Teig verdoppelt hat.
Ein Backblech mit Backpapier auslegen und den Teig darauf ausrollen, nochmals 10 Minuten ruhen lassen.
Für den Belag die Butter mit dem Öl, dem Zucker, dem Honig und der Sahne in einem Topf erhitzen. Die Zitrone heiß abwaschen und etwas Schale in den Topf reiben, die Zitrone auspressen und 1 EL Saft dazugeben, anschließend die Mandelblättchen, die klein gehackte Ananas (oder Früchte-Mix) und die Pistazien hinzufügen. Diese Mischung erhitzen, gut miteinander verrühren und abkühlen lassen.
Diese abgekühlte Masse auf den gegangenen Hefeteig streichen. Im vorgeheizten Backofen bei 180–200 Grad, Umluft 160–180 Grad (Gas Stufe 2–3) 30–35 Minuten backen.
Den Kuchen zum Auskühlen vom Blech nehmen und zuerst in sechs Streifen, dann in gleichgroße Quadrate schneiden. Sobald der Kuchen etwas abgekühlt ist, werden die Stücke einmal waagerecht durchgeschnitten.
Für die Füllung von der Milch 4 EL abnehmen und mit dem Puddingpulver verrühren. Die restliche Milch erhitzen, den Zucker und den Vanillezucker dazugeben, das angerührte Puddingpulver hineingießen, einmal aufkochen, dann abkühlen lassen. Zum Schluß nach Geschmack den Likör einrühren. Die weiche Butter schaumig rühren, eßlöffelweise den Pudding dazugeben und gut verrühren. (Pudding und Butter müssen die gleiche Temperatur haben, sonst gerinnt die Crème.) Die Buttercrème etwas abkühlen lassen, dann jeweils die untere Hälfte eines Kuchenstücks mit der Vanillecrème bestreichen und das Oberteil leicht andrücken. Bis zum Servieren kühl stellen.

Foto rechts

Leckeres Kleingebäck

Linzer Törtchen

150 g Butter
80 g Zucker
1 Ei (Gew.-Kl. 2)
2 Eigelb
150 g Mehl
50 g Speisestärke (Mondamin)
80 g gemahlene Mandeln
1 Prise Salz
½ TL Zimt
je 1 Messerspitze gemahlene Nelken, Kardamom und Muskatblüte

Butter für die Form

Für die Füllung:
250 g Marmelade (aus roten Johannisbeeren, Himbeeren, Preiselbeeren oder Orangen)

Die Butter und den Zucker schaumig rühren, das Ei und das Eigelb dazugeben und gut mischen. Das Mehl mit dem Mondamin, Salz, Mandeln und den Gewürzen ebenfalls dazugeben und rasch, aber gründlich zu einem Teig kneten.
Den fertigen Teig zu einer Kugel formen und mindestens 60 Minuten kühl stellen.
Eine Mini-Pizza-Form (für 12 Gebäckstücke – oder eine Springform) gut mit weicher Butter einfetten und für kurze Zeit kühl stellen. Den Teig in 14 gleiche Stücke teilen, 12 Teigstücke zwischen Klarsichtfolie zu je einem Kreis von knapp 8 cm ausrollen und in die Form legen.
Zwei Teigstücke dünn ausrollen und 12 kleine »Blüten« ausstechen (oder schmale Streifen schneiden).
In jedes Törtchen einen Teelöffel Mar-

melade geben, glattstreichen und die »Blüte« obendrauf setzen (oder mit den Streifen belegen). Im vorgeheizten Backofen bei 170–180 Grad (Gas Stufe 2–3) 10–15 Minuten backen.

Die Linzer Törtchen 10 Minuten in der Form auskühlen lassen, dann auf ein Kuchengitter gleiten lassen. Den restlichen Teig genauso verarbeiten.

Wenn Sie die Torte in der Springform backen, können Sie sie ebenfalls mit den kleinen Blüten oder mit Teigstreifen belegen.

Die Linzer Törtchen (oder die Torte) schmecken am besten, wenn sie vor dem Verzehr gut verpackt mindestens eine Woche an kühlem Ort ruhen.

Foto links

Gefüllte Biskuits mit Rumtopf-Früchten und Mascarpone

Für den Teig:
80 g Puderzucker
1 Päckchen echter Vanillezucker
1 unbehandelte Zitrone
100 g weiche Butter
2 Eiweiß (Gew.-Kl. 2)
80 g Mehl
20 g Speisestärke (Mondamin)
1 Prise Salz

etwas Öl für das Backblech

Für die Füllung:
2 Eigelb
100 g Zucker
etwas abgeriebene Schale einer unbehandelten Zitrone
2 EL Zitronensaft
250 g Mascarpone (ersatzweise 250 g gut abgetropften Quark, 40 %)
2–3 Tassen gemischte Rumtopf-Früchte
einige Stengel Zitronenmelisse oder Pfefferminzblätter

Den Puderzucker in eine Schüssel sieben. Den Vanillezucker dazugeben. Die Zitrone heiß abwaschen, abtrocknen und etwas Schale zum Zucker reiben, die weiche Butter hinzufügen und schaumig schlagen, anschließend das steif geschlagene Eiweiß unterrühren. Das Mehl und das Mondamin mischen und über die Masse sieben, das Salz hinzufügen und alles gut verrühren.

Ein Backblech mit Backpapier auslegen und dünn mit wenig Öl einfetten. 1 Eßlöffel Teig auf das Backpapier geben und mit dem Löffel zu einem Kreis von 15 cm Durchmesser auseinanderdrücken. Einen zweiten Teigfladen aufs Backblech setzen und im vorgeheizten Ofen bei 200–220 Grad (Gas Stufe 3–4) 5–7 Minuten backen bis die Teigränder goldgelb sind.

Inzwischen zwei Schüsseln (Durchmesser ungefähr 10 cm) dünn mit Öl einreiben. Sobald die beiden Fladen fertiggebacken sind, das Gebäck sofort einzeln mit einem Kuchenheber aus dem Ofen nehmen, schnell in die bereitstehenden Schüsseln drücken und erkalten lassen. Dieser Vorgang muß schnell gehen, weil die Fladen durch das Abkühlen rasch fest werden. Mit dem restlichen Teig ebenso verfahren.

Das erkaltete Gebäck bis zum Verzehr luftdicht verpacken.

Für die Crème das Eigelb mit dem Zucker, etwas abgeriebener Zitronenschale und dem Zitronensaft schaumig rühren. Mascarpone (oder den trockenen Quark) hinzufügen, nochmals kräftig rühren. Eßlöffelweise Rumtopf-Flüssigkeit zur Quarkmasse geben bis sie von cremiger Konsistenz ist.

Auf jeden Teller ein Gebäckstück setzen, etwas Mascarponecrème in die »Kuchenschüssel« geben, ein paar Rumtopffrüchte hineinsetzen, mit Zitronenmelisse oder Pfefferminzblättern garnieren und sofort servieren.

- Wer im Frühjahr selbst keinen Rumtopf angesetzt hat und am Ort keine Rumfrüchte zu kaufen bekommt, der kann mein Blitzrezept aus frischen oder gefrorenen Früchten probieren: Je 250 g Erdbeeren, Kirschen, Aprikosen, Brombeeren. Himbeeren und/oder andere Früchte in ein Gefäß geben. ¾ l guten, hochprozentigen Rum mit 400 g Rohrzucker (oder weißem) Zucker erhitzen, bis sich der Zucker gelöst hat.

Die abgekühlte, aber noch warme Flüssigkeit über die Früchte gießen und mindestens 24 Stunden ziehen lassen. *Foto Seite 78/79*

Florentiner

⅛ l süße Sahne
60 g Speisestärke (Mondamin)
60 g Butter
120 g Rohrzucker (aus dem Reformhaus)
100 g Mandelblättchen
je 50 g Zitronat, Orangeat, kandierte Kirschen, kandierte Ananas
1 Tüte echter Vanillezucker
etwas Schale einer unbehandelten Zitrone
1 Messerspitze Zimt
1 Messerspitze Muskatblüte
250 g Kuvertüre (Halbbitter, Vollmilch)

Die Sahne mit dem Mondamin in einem Topf verrühren, erhitzen und die Butter dazugeben, einmal aufkochen lassen, den Zucker einrühren und die Mandeln hinzufügen. Die kandierten Früchte hacken und mit den Gewürzen in den Topf geben. Diese Masse nochmals erhitzen, dann kühl stellen.
Ein Backblech mit Backpapier auslegen und mit Hilfe eines Eßlöffels Florentiner (Durchmesser 6 cm) aufs Backblech setzen. Die Ränder mit feuchten Fingern etwas zusammendrücken. Im vorgeheizten Backofen bei 170–190 Grad, Umluft 150–170 Grad (Gas Stufe 2–3) 25–30 Minuten backen.
Die Kuvertüre grob hacken und erwärmen, durchrühren, auf Zimmertemperatur abkühlen lassen und nochmals erwärmen.
Die Unterseite der Florentiner dünn mit heller und/oder dunkler Schokolade bestreichen. Bevor die Kuvertüre fest wird, mit den Zinken einer Gabel in großzügigen Wellen Muster in die Schokolade ziehen.

Foto Seite 78/79

Liegnitzer Törtchen

<u>*Für den Teig:*</u>
160 g Zucker
250 g Honig
80 g Butter
3 Eier (Gew.-Kl. 2)
50 g Zartbitter-Kuvertüre
1 gestrichener TL Lebkuchengewürz
½ TL Zimt
1 Prise Salz
80 g Rum-Rosinen (Fertigprodukt)
60 g fein gehacktes Zitronat
100 g gehackte Mandeln
1–2 cl Rum
250 g Mehl
60 g Speisestärke (Mondamin)
1 Päckchen Backpulver

Butter für die Form

<u>*Für den Guß:*</u>
200 g Zartbitter-Kuvertüre
100 g Vollmilch-Kuvertüre
3 EL Aprikosenmarmelade
40 g fein gehacktes Zitronat
20 g Mandelsplitter
45 g Rum-Rosinen

100 g Zucker mit dem Honig in einem Topf langsam erhitzen, die Butter darin schmelzen lassen. Den Topf beiseite stellen. Die Eier mit dem restlichen Zucker schaumig rühren, die fein geriebene Kuvertüre, die Gewürze, die Rosinen, das Zitronat, die Mandeln und die Hälfte des Rums dazugeben und mischen. Die Honig-Butter-Masse dazugeben. Das Mehl mit dem Mondamin und dem Backpulver mischen und in die Schüssel sieben. Alle Zutaten zu einem dickflüssigen Teig verrühren. Eventuell den restlichen Rum hinzufügen.
Eine Mohrenkopfform, z. B. für 9 Mohrenköpfe, (oder ähnliches) gut einfetten, kurz kühl stellen, dann den Teig nicht ganz bis zum Rand einfüllen. Im vorgeheizten Backofen bei 170–190 Grad (Gas Stufe 1–2) 45–55 Minuten backen. Zum Auskühlen auf ein Kuchengitter stürzen. Je nach Größe der Form den restlichen Teig genauso backen.
Die Kuvertüre zerkleinern und in getrennten Gefäßen schmelzen, dann abkühlen lassen und wieder erwärmen.
Die kleinen Kuchen auf der Oberseite dünn mit erwärmter Marmelade bestreichen, mit etwas Zitronat, einigen Mandelsplittern und einigen Rosinen belegen und zum Schluß einige Kuchen mit heller, die restlichen mit dunkler Kuvertüre überziehen.

- Zum Backen der Törtchen eignen sich auch Torteletteförmchen (bei flachen Förmchen ist die Backzeit geringer) oder kleine, feuerfeste Auflaufformen oder eine Kasten- oder Springform.

Mandelschäumchen mit Amarettosahne

<u>Für die Baisermasse:</u>
6 Eiweiß (Gew.-Kl. 2)
320 g Puderzucker
abgeriebene Schale einer halben unbehandelten Zitrone
3 EL fein gemahlene Mandeln

<u>Zum Garnieren:</u>
200 g süße Sahne
2 cl Amaretto
1 TL Kakao

Das gekühlte Eiweiß steif schlagen. Nach und nach den gesiebten Puderzucker einrieseln lassen. Zum Schluß die Zitronenschale und die Mandeln unterheben.
Die Baisermasse in einen Spritzbeutel mit weiter Sterntülle füllen und auf ein mit Backpapier ausgelegtes Backblech Kreise, Halbkugeln oder andere Formen spritzen.
Im vorgeheizten Backofen bei 130–150 Grad (Gas Stufe 1) bei leicht geöffneter Backofentür 55–85 Minuten trocknen lassen. Bei Umluft 100–120 Minuten bei 100 Grad. Das Gebäck darf keine Farbe annehmen. In diesem Fall die Temperatur verringern.
Die Sahne steif schlagen und mit dem Amaretto aromatisieren. Die Sahne getrennt zu den Mandelschäumchen reichen.
Bei kleineren Baisers können auch immer zwei mit der Sahne zusammengesetzt und mit etwas Kakaopulver bestreut werden.

Haferflocken-Schäumchen

3 Eiweiß (Gew.-Kl. 2)
120 g Rohrzucker (aus dem Reformhaus)
1 Päckchen echter Vanillezucker
1 EL Zitronensaft
abgeriebene Schale einer halben unbehandelten Orange (oder 1 Beutel Orange-back)
50 g grob gehackte Walnüsse
50 g fein gehacktes Orangeat
100 g kernige Haferflocken
etwa 30 Haselnußkerne
etwa 30 runde Oblaten (Durchmesser 4 cm)

Das Eiweiß steif schlagen, den Rohrzucker, den Vanillezucker, den Zitronensaft, die Orangenschale, die Walnüsse und das Orangeat unterheben. Die Haferflocken in einer Pfanne ohne Fett leicht rösten, abkühlen lassen und ebenfalls unter die Eiweißmasse heben.
Zwei Backbleche mit Backpapier auslegen, die Oblaten nicht zu dicht nebeneinandersetzen und mit zwei Teelöffeln etwas von der Masse auf die Oblaten setzen.
Auf jedes Plätzchen eine ganze Haselnuß setzen. Im vorgeheizten Backofen bei 170–190 Grad (Gas Stufe 2–3) 15–20 Minuten backen.

Knuspriges Mandelgebäck

250 g geschälte Mandeln
125 g Rohrzucker (aus dem Reformhaus)
1 gute Prise Salz
2 Eier (Gew.-Kl. 2)
200 g Mehl
80 g Speisestärke (Mondamin)
1 gestrichener TL Backpulver
2 cl Mandellikör (z. B. Amaretto)
1 Eiweiß

100 g ganze Mandeln in einer Pfanne ohne Fett goldgelb rösten, beiseite stellen. 100 g Mandeln fein mahlen, 50 g grob mahlen. Die zerkleinerten Mandeln mit dem Zucker, dem Salz und den Eiern mischen. Das Mehl mit dem Mondamin und dem Backpulver mischen und abwechselnd mit dem Likör zum Teig geben und gründlich durchkneten. Zum Schluß die ganzen Mandeln zum Teig geben.
Ein Backblech mit Backpapier auslegen. Die Hände leicht mit Puderzucker bestäuben und aus dem Teig Rollen von gut einem Zentimeter Durchmesser formen, aufs Backblech setzen und etwas auseinanderdrücken. Das Eiweiß leicht schlagen, und die Rollen damit bestreichen. Im vorgeheizten Backofen bei 180–200 Grad, Umluft 160–180 Grad (Gas Stufe 2–3) 25–30 Minuten backen. Die noch warmen Rollen schräg in etwa 1 cm dicke Scheibchen schneiden und bei 80–100 Grad 20–30 Minuten trocknen lassen.

Mandelkrapfen mit Maraschinokirschen

Für den Mürbeteig:
200 g Mehl
50 g Speisestärke (Mondamin)
180 g weiche Butter
100 g Zucker
50 g fein gemahlene Mandeln
2 Eigelb (Gew.-Kl. 2)
1 Prise Salz
2 Tropfen Bittermandelöl

Für die Füllung:
1 Glas Maraschinokirschen (225 g)
30 g halbbittere Kuvertüre

Für den Teig alle Zutaten zu einem festen Teig verkneten, zu einer Rolle formen und 15 Minuten ruhen lassen. Die Teigrolle in gleichgroße Stücke schneiden und gut kirschgroße Kugeln formen. Mit einem feuchten Holzstiel in jede Teigkugel bis etwa zur Mitte eine Vertiefung drücken.
Die Kirschen abtropfen lassen. Je nach Größe der Kirschen ganze oder halbierte Früchte in die Vertiefung hineindrücken. Ein Backblech mit Backpapier auslegen und die Krapfen im vorgeheizten Ofen bei 160–180 Grad, Umluft 140–180 Grad (Gas Stufe 1–2) 10–15 Minuten backen.
Die zerkleinerte Kuvertüre schmelzen, auf Zimmertemperatur abkühlen lassen und wieder verflüssigen. Aus Pergamentpapier eine Tüte drehen, die unten leicht geöffnet ist. Die Kuvertüre einfüllen und jede Kirsche zur Hälfte mit Schokolade überziehen.

Apfel-Sandtörtchen

Für den Teig:
100 g Butter
120 g Zucker
abgeriebene Schale einer halben unbehandelten Zitrone
1 Päckchen echter Vanillezucker
1 Prise Salz
2 Eier (Gew.-Kl. 2)
4 Eigelb
60 g Mehl
120 g Speisestärke (Mondamin)
1 Messerspitze Backpulver

Butter für die Form

Für den Belag:
3–5 Äpfel
¼ l Weißwein
4 EL Apfel- oder Quittengelee (oder Aprikosenmarmelade)
40 g Mandelblättchen
etwas Puderzucke

Die Butter mit dem Zucker über Dampf cremig schlagen, die Gewürze, die Eier und das Eigelb hinzufügen und weiter schlagen, bis die Masse weiß und dicklich ist. Sofort über einer Schüssel mit Eiswasser so lange rühren, bis die Crème erkaltet ist. Das Mehl mit dem Mondamin und dem Backpulver mischen, über die Crème sieben und unterrühren.
Kleine Tortelettförmchen, Mini- oder Midi-Pizzaformen gut mit Butter einfetten, kurz kühl stellen. Anschließend den Teig gut bis zur halben Höhe der Formen einfüllen.
Die Äpfel schälen, das Kerngehäuse mit einem Apfelausstecher herausdrücken. Die Äpfel in Scheiben schneiden. Den Wein erhitzen und die Apfelscheiben darin nacheinander für einige Minuten ziehen lassen. Mit einem Schaumlöffel herausnehmen und abtropfen lassen. In jede Form eine Apfelscheibe geben, mit dem erwärmten Gelee (oder der Marmelade) bestreichen und mit Mandeln bestreuen. Im vorgeheizten Backofen bei 160–180 Grad, Umluft 140–160 Grad (Gas Stufe 1–2) 25–35 Minuten backen.
Die erkalteten Apfel-Sandtörtchen dünn mit Puderzucker bestäuben.

Marzipanbrezeln

250 g Marzipan-Rohmasse
1 Ei (Gew.-Kl. 2)
1 Prise Salz
2 EL Speisestärke (Mondamin)
1 Messerspitze Backpulver
60 g Puderzucker
2 Tropfen Bittermandelöl
1 TL Rosenwasser
100 g Mandelblättchen

Die Marzipanmasse mit einem Messer grob zerkleinern. Das Ei trennen, das Eigelb beiseite stellen, das Eiweiß mit 1 Prise Salz steif schlagen, das Mondamin mit dem Backpulver mischen und zum Eiweiß geben, Puderzucker sieben und mit dem Bittermandelöl unter das Eiweiß heben, anschließend mit dem Marzipan zu einem glatten Teig verrühren.
Mit einem Teelöffel pflaumengroße Marzipanstücke von der Masse abteilen. Mit leicht angefeuchteten Händen ungefähr 10 cm lange Wülste rollen, zu Brezeln formen und 60 Minuten auf einem mit Backpapier ausgelegtem Backblech trocknen lassen.
Das beiseitegestellte Eigelb mit dem Rosenwasser verrühren und durch ein feines Sieb gießen. Mit einem Backpinsel die angetrockneten Brezeln auf der Oberseite mit Eigelb bestreichen und sofort mit einigen Mandelblättchen bestreuen.
Die Mandelbrezeln im vorgeheizten Backofen bei 170–190 Grad, Umluft 130–170 Grad (Gas Stufe 2–3) 15–20 Minuten goldgelb backen.

Foto rechts

Pistazienschiffchen

<u>Für den Mürbeteig:</u>
200 g Mehl
100 g Speisestärke (Mondamin)
100 g Zucker
1 Eigelb (Gew.-Kl. 2)
1 Ei (Gew.-Kl. 2)
150 g kalte Butter
100 g fein gemahlene Pistazien

Butter für die Förmchen

<u>Für die Füllung:</u>
80 g fein gehacktes Orangeat
40 g gehackte Pinienkerne
1 Eiweiß
1 gehäufter EL Puderzucker
1 TL Zitronensaft
1–2 TL Orangenmarmelade oder -gelee

Für den Teig alle Zutaten rasch zu einem Mürbeteig verarbeiten und 60 Minuten kühl stellen. Anschließend zwischen Klarsichtfolie ungefähr 2 mm dick ausrollen. Schiffchenformen (Länge ca. 11 cm) gut mit weicher Butter einfetten. Jedes Schiffchen mit Teig auslegen.
Für die Füllung das Orangeat und die Pinienkerne miteinander mischen. Das Eiweiß steif schlagen, den Puderzukker einrieseln lassen und den Zitronensaft dazu geben. Diese Masse mit dem Orangeat und den Pinienkernen mischen und in die Schiffchen füllen. Im vorgeheizten Backofen bei 170–190 Grad, Umluft 150–170 Grad (Gas Stufe 2–3) 15–20 Minuten backen.
Die fertigen Schiffchen aus den Formen lösen, erneut einfetten und das restliche Gebäck wie beschrieben fertigbacken.

Die Orangenmarmelade (oder das Gelee) erwärmen, eventuell durch ein feines Sieb streichen und mit Hilfe eines Backpinsels die Oberfläche der gefüllten Pistazienschiffchen damit abglänzen. *Foto links*

Himbeerherzchen

Für den Teig:
200 g Mehl
50 g Speisestärke (Mondamin)
120 g Puderzucker
1 Eigelb (Gew.-Kl. 2)
2 EL Crème fraîche
150 g kalte Butter
1 Prise Salz

Für den Guß:
1 Eiweiß
250 g Puderzucker
1 TL Zitronensaft
1–2 EL Himbeergelee (oder passierte Himbeermarmelade)
1 paar bunte Zuckerperlen

Für den Teig alle Zutaten rasch zu einem Mürbeteig verarbeiten und 60 Minuten kühl stellen. Anschließend zwischen Klarsichtfolie 2 mm dick ausrollen und Herzen ausstechen. Im vorgeheizten Backofen bei 170–190 Grad, Umluft 150–170 Grad (Gas Stufe 2–3) 12 bis 15 Minuten hell backen. Anschließend auf einem Kuchengitter abkühlen lassen.
Für den Guß das Eiweiß mit dem gesiebten Puderzucker verrühren, mit dem Zitronensaft abschmecken und mit dem Himbeergelee rosa färben. Den dicken Guß auf die Herzen auftragen. Nach Geschmack mit wenigen bunten Zuckerperlen garnieren.

Foto Seite 84/85

Orangentaler

Für den Teig:
1 Eiweiß (Gew.-Kl. 2)
60 g Puderzucker
1 Prise Salz
angeriebene Schale einer halben unbehandelten Orange (oder 1 Beutel Orange-back)
1 gestrichener EL Speisestärke (Mondamin)
1 EL Butter
100 g kandierte Orangenscheiben, in feinen Streifen
100 g fein gemahlene Pinienkerne

Für den Belag:
150 g Puderzucker
Orangensaft (oder Orangenlikör)
2 Rippen bittere Schokolade

Das Eiweiß mit dem gesiebten Puderzucker, dem Salz, der Orangenschale, dem Mondamin und der Butter über Dampf in einer Schüssel erhitzen bis der Teig glänzt, anschließend die feinen Orangenstreifen und die gemahlenen Pinienkerne unterrühren. Diese Masse etwas abkühlen lassen.
Zwischen Klarsichtfolie einen halben Zentimeter dick ausrollen und kleine runde Plätzchen ausstechen. Ein Backblech mit Backpapier auslegen, die Orangentaler daraufsetzen. Im vorgeheizten Backofen bei 160–180 Grad, Umluft 140–160 Grad (Gas Stufe 1–2) 10–15 Minuten backen. Zum Auskühlen auf ein Kuchengitter legen.
Den gesiebten Puderzucker mit etwas Orangensaft oder Orangenlikör zu einer dickflüssigen Crème verrühren und die abgekühlten Orangentaler damit bestreichen. Mit dem Sparschäler von der gut gekühlten Schokolade Locken abhobeln. Ein bis zwei Locken in die Mitte der Plätzchen auf den noch nicht abgetrockneten Guß setzen.

- Für Zitronentaler verwenden Sie Zitronenschale, kandierte Zitronenscheiben und Zitronensaft.

Gefüllte Nußhaufen

2 Eiweiß (Gew.-Kl. 2)
250 g Puderzucker
70 g Pinienkerne
70 g gehackte Pistazien
70 g Mandelstifte
1 TL Zitronensaft
125 g Rum-Rosinen (Fertigprodukt)
40–50 Oblaten (Durchmesser 4 cm)

Das Eiweiß steif schlagen, den gesiebten Puderzucker hinzufügen und im Wasserbad so lange rühren, bis die Masse zähflüssig ist. (Die Crème darf nicht heiß werden.) Anschließend die Pinienkerne, die gehackten Pistazien, die Mandelstifte und den Zitronensaft dazugeben und alles mischen.
Die Oblaten auf zwei Backblechen verteilen. Auf jede Oblate zwei bis drei Rum-Rosinen legen und mit Hilfe von zwei Teelöffeln etwas Nußmasse darübergeben. Im vorgeheizten Backofen bei 150–170 Grad (Gas Stufe 1) 10–15 Minuten backen.

Cointreau-Törtchen

<u>*Für den Teig:*</u>
2 Eier (Gew.-Kl. 2)
100 g Puderzucker
100 g gemahlene Mandeln
1 gestrichener EL Speisestärke (Mondamin)
1 Prise Backpulver
abgeriebene Schale und Saft einer halben unbehandelten Orange
1 Prise Salz

Butter für die Förmchen

<u>*Für den Belag:*</u>
knapp ⅛ l Weißwein
4 cl Cointreau (Orangenlikör)
100 g Zucker
3 1/2 TL Speisestärke (Mondamin)
Saft und abgeriebene Schale einer unbehandelten Orange
60 g Butter
2 Eier

Die Eier trennen. Das Eigelb mit dem Puderzucker cremig rühren, die Mandeln, das mit dem Backpulver gemischte Mondamin, Orangenschale und Orangensaft hinzufügen und mischen. Das Eiweiß mit dem Salz steif schlagen. Zunächst die Hälfte des Eischnees unterrühren, die zweite Hälfte darunterheben Kleine runde Förmchen mit einem etwa 3 cm hohen Rand (oder ein kleines Backblech) mit Butter einfetten und kurz kühl stellen. Die Förmchen knapp bis zur halben Höhe mit dem Teig füllen (oder auf das Backblech streichen). Im vorgeheizten Backofen bei 160–180 Grad (Gas Stufe 1–2) 10–15 Minuten vorbacken.

Für den Belag den Weißwein mit dem Cointreau und dem Zucker mischen und zum Kochen bringen. Die Speisestärke mit etwas kaltem Wasser anrühren, in die kochende Flüssigkeit gießen und einmal aufkochen lassen. Saft und Schale der Orange und die Butter dazu geben. Die Eier trennen. Das Eigelb mit der noch heißen Masse verrühren, dann kalt stellen. Das Eiweiß steif schlagen und unter die erkaltete Masse heben. Die Crème auf die vorgebackenen Törtchen (oder auf den Boden) streichen und bei 160–180 Grad (Gas Stufe 1–2) 15–20 Minuten backen.

Walnuß-Törtchen

<u>*Für den Mürbeteig:*</u>
180 g Mehl
50 g Speisestärke (Mondamin)
2 Eigelb (Gew.-Kl. 2)
1 hartgekochtes Eigelb
1 Prise Salz
60 g Zucker
abgeriebene Schale einer halben unbehandelten Zitrone
250 g flüssige Butter

Butter für die Förmchen

<u>*Für den Belag:*</u>
50 g Honig
250 g Rohrzucker (aus dem Reformhaus)
200 g süße Sahne
350 grob gehackte Walnüsse

Für den Teig alle Zutaten, bis auf die Butter, in einer Schüssel mischen. Die abgekühlte, aber flüssige Butter nach und nach mit den anderen Zutaten mischen. Zum Schluß den Teig einmal durchkneten und für 60 Minuten kühl stellen. Anschließend zwischen Klarsichtfolie etwa 3 mm stark ausrollen. Kleine Tortelettförmchen (je nach Größe 6–8 Förmchen) gut einfetten, kurz kühl stellen und mit dem Teig füllen. Den Teig fest andrücken und den Boden mit einer Gabel mehrmals einstechen. Im vorgeheizten Backofen bei 200 Grad (Gas Stufe 3) 10 Minuten vorbacken.
Danach abkühlen lassen.
Den Honig mit dem Zucker so lange erhitzen, bis sich der Zucker vollständig gelöst hat. Diese Masse etwas abkühlen lassen, dann langsam die Sahne hinzufügen, umrühren und die Walnüsse daruntergeben, abkühlen lassen. Die Törtchen mit der Masse füllen und im vorgeheizten Backofen bei 160–180 Grad, Umluft 140–160 Grad (Gas Stufe 1–2) 15–20 Minuten backen.

Kokos-Zitronen-Gebäck

Für den Teig:
150 g Mehl
100 g Speisestärke (Mondamin)
175 g weiche Butter
125 g Schichtkäse
2 unbehandelte Zitronen

Für den Belag:
3 Eiweiß (Gew.- Kl. 2)
1 EL Zitronensaft
150 g Puderzucker
1 Päckchen echter Vanillezucker
200 g Kokosraspeln

Mehl und Mondamin in eine Schüssel sieben, Butter und abgetropften Quark dazugeben. Zitronen heiß waschen. Schale einer halben Zitrone in den Teig reiben. Schale der restlichen eineinhalb Zitronen sehr dünn abschälen, in dünne Streifen schneiden und beiseite stellen. Alle Zutaten für den Teig gut mischen, zu einer Kugel formen und 1 Stunde kühl stellen. Anschließend zwischen Klarsichtfolie gut 3 mm stark ausrollen, 5 cm große runde Kreise ausstechen. Die Plätzchen auf ein mit Backpapier ausgelegtes Backblech legen und im vorgeheizten Backofen bei 190 Grad, Umluft 150–170 (Gas Stufe 2–3) 8–10 Minuten vorbacken.
Eiweiß mit Zitronensaft sehr steif schlagen, gesiebten Puder- und Vanillezukker langsam einrieseln lassen. Zum Schluß Kokosraspeln unterheben. Die Masse auf die vorgebackenen Plätzchen streichen, mit den zurückgelegten Zitronenschalenstreifen bestreuen und im vorgeheizten Backofen bei 150–170 (Gas Stufe 2–3) 15–18 Minuten fertig backen.

Mandel-Pistazien-Stangen

Für den Teig:
150 g Mehl
100 g Speisestärke (Mondamin)
1 gestrichener TL Backpulver
1 Ei (Gew.- Kl. 2)
50 g Rohrzucker (aus dem Reformhaus)
125 g Butter

Für den Belag:
100 g Butter
100 g Rohrzucker (aus dem Reformhaus)
2 EL Honig
1 EL süße Sahne
100 g Mandelblättchen
100 g Pistazienkerne

Das Mehl mit dem Mondamin und dem Backpulver in eine Schüssel sieben, die restlichen Zutaten hinzufügen und gut verkneten. Zu einer Kugel formen und 1 Stunde kühl stellen.
Für den Belag die Butter, den Zucker, den Honig und die süße Sahne aufkochen, die Mandelblättchen und Pistazien dazugeben und untermischen. Die Masse zum Abkühlen beiseite stellen.
Den Teig zwischen Klarsichtfolie zu einem Rechteck von 25 x 30 cm ausrollen und auf ein mit Backpapier ausgelegtes Backblech legen. Mit der abgekühlten Nußmasse bestreichen und im vorgeheizten Backofen bei 170–190 Grad, Umluft 150–170 Grad (Gas Stufe 2–3) 20–25 Minuten backen. Das erkaltete Gebäck in Stangen schneiden.

Hefeschnecken mit Mohn und Kirschen

Für den Teig:
300 g Mehl
½ Würfel Hefe
1 TL Zucker
3 EL lauwarme Milch
1 Päckchen echter Vanillezucker
abgeriebene Schale einer halben unbehandelten Zitrone
40 g Zucker
6 EL Öl (z. B. Mazola)
2–4 EL lauwarme Milch

Für die Füllung:
100 g Marzipan-Rohmasse
4–5 EL Rum oder Mandellikör
250 g gemahlener Mohn
¼ l heiße Milch
4 EL Honig
1 Prise Muskatblüte
1 Prise Zimt
3 Tropfen Bittermandelöl
40 g Butter
1 Ei (Gew.- Kl. 2)
1 Päckchen Haselnußkrokant
120 g Amarena-Kirschen (aus dem Glas)

Das Mehl in eine Schüssel sieben. Mit einem Kochlöffel eine Mulde hineindrücken und die Hefe hineinbröckeln, mit Zucker bestreuen und mit der warmen Milch zu einem Vorteig verrühren. Die Schüssel mit einem Küchentuch gut abdecken und warm stellen. Wenn sich der Vorteig verdoppelt hat, mit etwas Mehl bestäuben und die restlichen, zimmerwarmen Zutaten dazugeben und kräftig durchkneten. Falls der Teig zu fest ist, etwas warme Milch nachgießen. Den Teig zurück in die dünn mit Mehl bestreute Schüssel legen und an einem warmen

Ort mindestens 30 Minuten gehen lassen.
Inzwischen können Sie die Füllung zubereiten. Die Marzipanmasse mit dem Rum zu einer streichfähigen Crème verrühren und beiseite stellen. Die heiße Milch über den Mohn gießen und quellen lassen. Anschließend alle Zutaten bis auf Haselnußkrokant und Kirschen dazugeben und gut mischen. Den gegangenen Hefeteig auf einem leicht bemehlten Tuch ausrollen (ungefähr 30 × 40 cm), mit der Marzipan-Rum-Crème bestreichen (die Ränder freilassen), dann die Mohnmasse darüberstreichen, mit dem Krokant und den abgetropften und grob zerkleinerten Amarena-Kirschen bestreuen, den Teigstreifen aufrollen und mit einem Sägemesser oder einem elektrischen Messer in gut 2 cm dicke Scheiben schneiden. Die Schnecken auf ein mit Backpapier ausgelegtes Backblech legen und nochmals 10 Minuten gehen lassen. Im vorgeheizten Backofen bei 180–200 Grad, Umluft 160–180 Grad (Gas Stufe 2–3) 25–30 Minuten backen.
Die fertigen Schnecken können mit dem leicht erwärmten Saft der Amarena-Kirschen bestrichen werden.

- Statt der Kirschen eignen sich sehr gut Rosinen.

Brand-, Plunder-, Blätter- und Strudelteig

Windbeutel mit Gorgonzolafüllung

Für den Teig:
¼ l Wasser
60 g Butter
1 Prise Salz
100 g Weizenmehl (Type 550)
50 g Grünkernmehl
1 EL Speisestärke (Mondamin)
1 TL Backpulver
4–5 Eier (Gew.-Kl. 2)

Für die Füllung:
200 g Gorgonzola
4–5 EL süße Sahne
1 große, reife Birne
1 TL Zitronensaft
1 EL Walnußöl
1 TL Birnendicksaft (aus dem Reformhaus)
2 EL Pinienkerne

Für den Brandteig das Wasser mit der Butter und dem Salz zum Kochen bringen. Das Mehl und das Grünkernmehl auf einmal dazugeben und verrühren. Das Mondamin mit dem Backpulver mischen und ebenfalls in den Topf schütten. Den Teig so lange auf dem Herd rühren, bis sich am Topfboden ein weißer Belag gebildet hat.
Den Teigkloß in eine Schüssel geben, etwas abkühlen lassen und zunächst ein Ei unter den Teig mischen, anschließend das zweite Ei usw. Der Teig ist richtig, wenn er schwer vom Löffel reißt und dabei lange Spitzen bildet.
Ein Backblech mit Backpapier auslegen und mit einem Teelöffel gut walnußgroße Häufchen nicht zu dicht aufs Blech setzen. *Foto rechts*

Die Windbeutel im vorgeheizten Backofen bei 200–220 Grad (Gas Stufe 3–4) 25–30 Minuten backen. Während der Backzeit die Ofentür nicht öffnen, sonst fallen die Windbeutel zusammen.
Die fertigen Windbeutel aus dem Ofen nehmen und gleich mit einem Messer einen Deckel abschneiden.
Für die Crème wird der Käse durch ein feines Sieb passiert und mit der Sahne zu einer glatten Crème verrührt, dann kühl gestellt.
Die gewaschene Birne vierteln, das Kerngehäuse entfernen. Die Birnen in dünne Scheiben schneiden und fächerartig auf vier Tellern anordnen. Den Zitronensaft mit dem Walnußöl und dem Birnendicksaft sämig rühren und die Birnenscheiben sofort damit bestreichen. (Das geht am besten mit einem Backpinsel.) Die Käsemasse mit Hilfe eines Spritzbeutels (oder mit einem kleinen Löffel) in die Windbeutel füllen. Auf jeden Teller drei gefüllte Windbeutel neben die marinierten Birnenscheiben setzen.
Die Pinienkerne in einer Pfanne ohne Fett leicht rösten und vor dem Servieren über die Birnen streuen.

- Sehr gut schmeckt auch folgende Kräuter-Frischkäse-Füllung: 200 g körnigen Frischkäse mit 1 TL Zitronensaft, Pfeffer aus der Mühle, 1 gehackten Knoblauchzehe, 1 guten Prise Knorr-Aromat, 1 EL flüssiger Butter, 2 EL feinst gehackter Gewürzgurke und ½ Päckchen gemischten Kräutern (TK-Erzeugnis) verrühren. Vor dem Füllen muß die Crème eine Stunde gut gekühlt werden. Teller mit kleinen Schinkenröllchen (Lachsschinken oder Tiroler Bauernspeck, hauchdünn geschnitten), einigen schwarzen Oliven und Thymianstengeln und einigen geputzten kleinen Frühlingszwiebeln o. ä. garnieren.

Kleine Party-Windbeutel mit Shrimps

Windbeutel s. S. 92

Für die Füllung:
250 g Shrimps
150 g Mascarpone
1 EL Zitronensaft
1 kleine Chilischote
½ TL Knoblauch-Paste (von Lacroix) oder etwas frischer Knoblauch
Salz
1 EL gehackte glatte Petersilie
einige Petersilienblätter

Für 20 kleine Windbeutel 10 kleine Shrimps halbieren und beiseite legen. Die restlichen Schrimps mit einem scharfen Messer fein hacken. Mascarpone mit dem Zitronensaft, der fein gehackten Chilischote, der Knoblauchpaste, etwas Salz und der gehackten Petersilie verrühren, zum Schluß die Shrimps unterrühren. Sollte die Crème zu fest sein, 1 EL Milch hinzufügen. Diese Crème mit Hilfe eines Spritzbeutels mit weiter sternförmiger Öffnung in die Windbeutel spritzen und mit den halben Shrimps und einem Petersilienblatt garnieren.

Kleine Party-Windbeutel mit Oliven, Knoblauch und Thymian

Windbeutel s. S. 92

Für die Füllung:
100 g schwarze Oliven ohne Stein
100 g Frischkäse
1 Eigelb
2 gehackte Knoblauchzehen
1 TL gehackte Thymianblätter

Zum Garnieren:
einige Kirschtomaten
30 g Parma-Schinken
1 Stiel frischer Thymian

Kleine Windbeutel backen (siehe S. 92).
Für die Füllung werden die Oliven zuerst feingehackt, anschließend püriert, mit dem Frischkäse, dem Eigelb, den Knoblauchzehen und den Thymianblättern verrührt. Diese Masse wird in die kleinen Windbeutel gefüllt. Zum Garnieren brauchen Sie einige Holzstäbchen. Auf jedes Holzstäbchen spießen Sie eine Kirschtomate und ein Viertel einer Schinkenscheibe, die Sie fest zusammenrollen. Stecken Sie in jeden gefüllten Windbeutel einen Spieß; zum Schluß mit einigen Thymianblättern bestreuen.

Pikant gefüllter Brandteig-Ring

Brandteig s. S. 92

<u>Für die Füllung:</u>
100 g Frischkäse
200 g saure Sahne
1 EL Zitronensaft
1 TL Senf
1 TL fein gehackter Knoblauch
1 EL fein gehackte Gewürzgurke
1 EL fein gehackte grüne Chilischote
1 EL fein gehackter Apfel
1 EL fein gehackte schwarze Oliven
1 EL gemischte Kräuter (TK-Produkt)
Salz
Pfeffer aus der Mühle

Den Brandteig wie auf S. 92 beschrieben herstellen und in einen Spritzbeutel mit großer Tülle füllen. Auf ein mit Backpapier ausgelegtes Backblech kreisförmig große Teigrosetten dicht nebeneinander spritzen. Im vorgeheizten Backofen bei 200–220 Grad (Gas Stufe 3–4) 20–30 Minuten goldgelb backen. Den Rosettenkranz einmal durchschneiden und abkühlen lassen.

Für die Füllung den Frischkäse mit der Sahne und dem Zitronensaft glattrühren, mit den anderen Zutaten mischen und mit Salz und Pfeffer abschmecken. Diese pikante Crème auf den Boden des Ringes streichen und mit der oberen Hälfte des Rings abdecken. Kühl stellen. Innerhalb von 1–2 Stunden servieren.

Glasierte Windbeutel mit Himbeercrème

<u>Für den Teig:</u>
¼ l Wasser
70 g Butter
1 Prise Salz
200 g Mehl
5 Eier

<u>Für die Himbeercrème:</u>
3 Blatt weiße Gelatine
300 g Himbeeren
60 g Zucker
250 g süße Sahne

<u>Für die Glasur:</u>
150 g Puderzucker
1 TL Himbeergeist (oder Zitronensaft)

Das Wasser mit der Butter und dem Salz zum Kochen bringen. Das Mehl auf einmal hinzufügen und so lange rühren, bis sich am Topfboden ein weißer Belag gebildet hat. Den Teigkloß in eine Schüssel geben, etwas abkühlen lassen. Die Eier nacheinander hinzufügen. Der Teig ist richtig, wenn er schwer vom Löffel reißt und sich dabei lange Spitzen bilden.

Ein Backblech mit Backpapier auslegen und mit einem Eßlöffel gut pflaumengroße Häufchen nicht zu dicht aufs Blech setzen. Im vorgeheizten Backofen bei 200–220 Grad (Gas Stufe 3–4) 15–20 Minuten backen. (Während der Backzeit darf die Ofentür nicht geöffnet werden, sonst fallen die Windbeutel zusammen.)

Die fertigen Windbeutel aus dem Ofen nehmen und sofort mit einem scharfen Messer oder einer Schere einen Deckel abschneiden.

Die Gelatine in kaltem Wasser einweichen. Für die Himbeersahne werden die verlesenen Früchte mit Zucker bestreut. Nach etwa 15 Minuten den Saft abgießen und auffangen, 1 EL für den Guß beiseite stellen. Zum Garnieren pro Windbeutel 2 Früchte beiseite legen. Den Himbeersaft mit der eingeweichten Gelatine erwärmen und rühren, bis die Gelatine sich aufgelöst hat, kühl stellen. Die Himbeeren zerdrücken (eventuell durch ein Sieb passieren, wenn die Kerne stören). Die Sahne steif schlagen. Die zerdrückten Himbeeren mit dem abgekühlten, aber noch nicht gelierten Saft verrühren, anschließend unter die Sahne heben und für 60 Minuten kühl stellen. Die Windbeutel mit der Sahne füllen, mit den beiseitegestellten Himbeeren garnieren. Die Deckel erst nach dem Glasieren aufsetzen.

Für den Guß den gesiebten Puderzucker mit dem beiseitegestellten Himbeersaft und etwas Himbeergeist verrühren und die Deckel damit glasieren.

Kaffeestückchen aus Plunderteig

Für den Teig:
500 g Mehl
40 g Hefe
1 TL Zucker
gut ⅛ l lauwarme Milch
3 Eigelb
1 kräftige Prise Salz
70 g Butter
60 g Zucker

Für die Ziehbutter:
250 g weiche Butter
50 g Mehl

Für Aprikosengebäck:
Aprikosenmarmelade
eingemachte halbe Früchte
1 Eiweiß
gehackte Pistazien zum Bestreuen

Für Mohngebäck:
1 Beutel Mohn-back (Fertigprodukt)
50 g Zitronat
Puderzucker
Zitronensaft

Plunderteig ist ein Hefe-Blätterteig. Das Gebäck schmeckt nur frisch gebacken, am besten noch warm. Allerdings kann Plundergebäck am nächsten Tag kurz im Backofen oder im Mikrowellengerät aufgebacken werden.
Das Mehl in eine Schüssel sieben. Mit einem Kochlöffel eine Mulde hineindrücken und die Hefe hineinbröckeln. Mit dem Zucker bestreuen und mit etwas lauwarmer Milch den Vorteig anrühren. Mit einem Küchentuch abdecken und 10 Minuten gehen lassen. Anschließend mit etwas Mehl bestäuben und mit den restlichen Zutaten zu einem glatten glänzenden Teig verkneten. Den Teig zurück in die Schüssel geben und 15 Minuten kühl stellen.
Für die Ziehbutter werden Butter und Mehl gut verknetet und zwischen Klarsichtfolie zu einem Rechteck von etwa 15 x 20 cm ausgerollt und kühl gestellt.
Den gekühlten Hefeteig auf einem leicht bemehlten Brett zu einem Rechteck von etwa 20 × 35 cm ausrollen. Die gekühlte Ziehbutter auf eine Hälfte legen, mit der anderen abdecken, die Ränder nach unten umklappen, damit die Butter nicht austritt. Auf doppelte Größe ausrollen. Von einer schmalen Seite her den Teig bis zur Mitte legen, die andere Hälfte darüberklappen, so daß drei Schichten übereinander liegen. Die Teigplatte wieder 20 Minuten kühl stellen.
Den Vorgang wiederholen, den Teig wieder 20 Minuten kühl stellen. (Der Teig kann auch über Nacht kühl gestellt und am folgenden Morgen weiterverarbeitet werden.) Vor dem Bakken muß das Plundergebäck noch 15 Minuten gehen.
Das Plundergebäck wird im vorgeheizten Backofen bei 190–210 Grad, Umluft 170–190 Grad (Gas Stufe 3–4) 20–30 Minuten gebakken. Die Backzeit richtet sich nach der Größe des Gebäcks.
Für das Aprikosengebäck den Plunderteig etwa ½ cm dick ausrollen und mit Marmelade bestreichen. In gleichgroße Quadrate schneiden. Alle vier Ecken bis zur Mitte klappen und festdrücken. Auf jedes Gebäckstück eine halbe Aprikose setzen. Den Teig mit Eiweiß bestreichen und mit Pistazien bestreuen.
Für das Mohngebäck den Mohn laut Packungsanweisung anrühren. Den Teig ausrollen, mit dem Mohn und dem sehr fein gehackten Zitronat belegen, aufrollen. Die Teigrolle nach 2 cm einmal bis zur Hälfte einschneiden, nach gut 2 cm durchschneiden. Wieder nach 2 cm einschneiden, nach weiteren 2 cm durchschneiden usw. Das Gebäck an der eingeschnittenen Stelle etwas auseinanderziehen.
Für den Guß wird der gesiebte Puderzucker mit etwas Zitronensaft cremig gerührt und das fertige, fast abgekühlte Gebäck damit leicht überzogen.

Plundertaschen mit Mozzarella, Oliven und Schinken auf Tomatensalat

Plunderteig s. Seite 96, jedoch nur mit 1 TL Zucker zubereiten

Für die Füllung
250 g Mozzarella
frisches Basilikum
100 g schwarze Oliven
100 g luftgetrockneter Schinken oder Speck, dünn geschnitten
1 Ei (Gew.-Kl. 2)

Für den Salat:
500 g Kirschtomaten
2 EL Olivenöl
1 TL Balsamessig
Salz
Pfeffer aus der Mühle
eine Knoblauchzehe (nach Geschmack)
einige Basilikumblätter

Den Plunderteig wie auf Seite 96 beschrieben herstellen und knapp ½ cm dick ausrollen. Mit einem Glas o. ä. Kreise (Durchmesser etwa 8–12 cm) ausstechen.
Den Mozzarella abgießen und mit Küchenpapier gut trocken tupfen, jedes Stück in 4 Scheiben schneiden (bei kleineren Teigkreisen die Scheiben halbieren). Auf jedes Käsestück ein ganzes (oder halbes) Basilikumblatt legen. Die Oliven entkernen und vierteln. Jetzt auf jedes Käsestückchen ein paar Olivenschnitze legen. Mit dem hauchdünn geschnittenen Schinken (oder Speck) jedes Käsepäckchen umwickeln und auf eine Hälfte des Teigs legen. Das Ei trennen. Die Teigränder mit Eiweiß bestreichen, übereinanderklappen und gut andrücken. Das Eigelb mit 1 TL Wasser verrühren und die Teigtaschen damit bestreichen. 15 Minuten gehen lassen. Im vorgeheizten Backofen bei 180 –200 Grad, Umluft 160–180 Grad (Gas Stufe 2) 25–30 Minuten goldgelb backen.
Für den Salat die gewaschenen Tomaten halbieren. Das Öl mit dem Essig und den Gewürzen (bis auf das Basilikum) verrühren und über die Tomaten gießen, mit dem fein geschnittenen Basilikum bestreuen. Auf jeden Teller etwas Salat verteilen und die warmen Teigtaschen danebenlegen.

Käsehörnchen

Plunderteig s. S. 96 jedoch nur mit 1 TL Zucker herstellen.

Für die Füllung:
200 g Grancino (oder junger Gouda)
1 Bund Frühlingszwiebeln
50 –100 g Quark (20 % Fett)
1 Eiweiß
1 Eigelb zum Bestreichen
etwas Kümmel

Den Plunderteig wie auf Seite 96 beschrieben herstellen. Den Teig etwa knapp ½ cm dick ausrollen und in gleich große Quadrate (12 × 12 cm), dann in Dreiecke schneiden.
Den Käse entrinden und klein würfeln (oder reiben). Die Frühlingszwiebeln putzen und (nur die weißen und hellgrünen Teile) fein hacken. Mit dem Quark und dem Käse verrühren. Etwa einen Teelöffel der Masse auf eine Ecke setzen und zu Hörnchen aufrollen. Die äußere Ecke mit etwas Eiweiß bestreichen und andrücken.
Das Eigelb mit 1 TL Wasser verrühren und die Hörnchen damit bestreichen und mit Kümmel bestreuen. Auf ein Backblech setzen, 15 Minuten gehen lassen. Im vorgeheizten Backofen bei 190–210 Grad, Umluft 170–190 Grad (Gas Stufe 3–4) 20–30 Minuten goldgelb backen.

Blätterteigschnitten mit Äpfeln und Birnen

300 g Blätterteig (TK-Produkt oder s. S. 12)

Für den Belag:
4 EL Semmelbrösel
500 g Äpfel
500 g feste reife Birnen
2 Päckchen Vanillezucker
150 g Quitten- oder Apfelgelee
50 g gehackte Walnüsse (oder Mandeln)

Den Blätterteig (tiefgekühlten etwa 10 Minuten auftauen lassen) zwischen Klarsichtfolie etwa 2 mm dick ausrollen und in 12 cm breite Streifen schneiden. Die beiden Streifen sind etwa so lang wie das Backblech. Die Längsseiten 1 cm breit mit kaltem Wasser bestreichen und auf beiden Seiten gut 2 cm nach innen schlagen und andrükken. Beide Teigstreifen auf ein mit kaltem Wasser befeuchtetes Backblech geben. Die »Täler« der beiden Streifen mit Semmelbröseln bestreuen. Die Äpfel und Birnen schälen, vierteln, das Kerngehäuse entfernen und das Obst in dünne Spalten schneiden. Apfel- und Birnenspalten dachziegelartig abwechselnd auf den Blätterteigstreifen verteilen (die umgeschlagenen Ränder bleiben frei) und mit dem Vanillezucker bestreuen.
Im vorgeheizten Backofen bei 200 bis 220 Grad, Umluft 180–200 Grad (GasStufe3–4)20–30Minutenbacken.
Das Gelee erwärmen und sowohl das Obst als auch die Ränder damit bestreichen. Die Ränder mit den Walnüssen bestreuen.

Blätterteighörnchen mit Ingwer-Ananas-Füllung

450 g Blätterteig (TK-Produkt oder s. S. 12)

Für die Füllung:
100 g eingelegter Ingwer (im Glas)
100 g kandierte Ananas
50 g Kokosraspeln
2 EL Honig
1 EL Zitronensaft
etwas Ingwersirup

Für den Guß:
Ingwersirup
50 g Puderzucker
2 EL Kokosraspel

Den Blätterteig (tiefgekühlten 10 Minuten auftauen lassen) zwischen Klarsichtfolie dünn ausrollen und in acht gut 10 cm große gleichmäßige Quadrate schneiden.
Für die Füllung den Ingwer abtropfen lassen und fein hacken (oder reiben). Die Ananasscheiben grob zerkleinern. Ingwer, Ananas, Kokosraspeln, Honig und Zitronensaft mischen. Eventuell etwas Ingwersirup hinzufügen, wenn die Masse zu fest ist. Gut einen TL von der Füllung auf die Quadrate geben und so einrollen, daß auch die Seiten geschlossen sind, damit von der Füllung nichts auslaufen kann. Das Gebäck mit beiden Händen leicht nach innen biegen. Die Hörnchen mit einer Gabel zweimal einstechen. Auf ein mit kaltem Wasser angefeuchtetes Backbleck setzen und im vorgeheizten Backofen bei 200 bis 220 Grad, Umluft 180–200 Grad (Gas Stufe 3–4) 20–30 Minuten backen.
Für den Guß 1 EL Ingwersirup mit dem gesiebten Puderzucker glatt rühren. Eventuell mit einigen Tropfen heißem Wasser verdünnen. Die Hörnchen damit leicht bestreichen und sofort mit wenigen Kokosraspeln bestreuen.

Orangen vom Blech

450 g Blätterteig (TK-Produkt oder s. S. 12)

Für den Belag:
200 g gemahlene Mandeln
50 g Puderzucker
2 Eiweiß
1 kg unbehandelte Orangen
2 cl Orangenlikör (z. B. Cointreau)
80 g Zitronengelee (oder Orangenmarmelade)

Den Blätterteig (tiefgekühlten Blätterteig 10 Minuten auftauen lassen) zwischen Klarsichtfolie in Backblechgröße ausrollen. Das Backblech mit kaltem Wasser anfeuchten, den Teigboden darauflegen.
Die Mandeln mit dem gesiebten Puderzucker und dem Eiweiß in einem Gefäß verrühren und über Dampf erhitzen, bis die Masse glänzt. Dieses Marzipan etwas abkühlen lassen, dann auf den Boden streichen.
Die Orangen mit einem Sparschäler in Streifen schälen (1 Streifen Schale stehen lassen, 1 Streifen bis zum Fruchtfleisch abschneiden).
Die Orangen für 8 Minuten in kochendes Wasser legen. Anschließend trokkenreiben und in dünne Scheiben schneiden, die Scheiben halbieren. Die halbierten Orangenscheiben dachziegelartig auf die Marzipanmasse legen. Im vorgeheizten Backofen bei 190 bis 210 Grad, Umluft 170–190 Grad (Gas Stufe 3–4) 30–40 Minuten backen. Den heißen Kuchen mit Orangenlikör beträufeln. Das Gelee oder die Marmelade erwärmen und die Früchte damit dünn bestreichen. Dazu schmeckt geschlagene süße Sahne, aromatisiert mit etwas Orangenlikör.

Pikante Blätterteigpäckchen mit Weinblättern, Schafskäse, Lammhack und Tzatziki

450 g Blätterteig (TK-Produkt oder s. S. 12)

Für die Füllung:
200 g Weinblätter
250 g Lammhack (oder Lammfleisch)
2 EL Keimöl
2 Knoblauchzehen (oder 1 TL Knoblauchpaste von Lacroix)
Salz
Pfeffer aus der Mühle
1 TL Tomatenmark
30 g Pinienkerne
150 g Schafskäse
1 Eigelb

Für die Sauce:
2 Becher Sahne-Joghurt
Salz
einige Tropfen Tabaso
1 Prise Zucker
2 Knoblauchzehen (oder 1 TL Knoblauchpaste)
1 Gewürzgurke
50 g frische Gurke
1 TL Zitronensaft (oder Weinessig)

Den Blätterteig (tiefgekühlten Blätterteig 10 Minuten auftauen lassen) zwischen Klarsichtfolie 3 mm dick ausrollen und in sechs gleich große Quadrate schneiden. Aus Teigresten dünne Streifen schneiden.
Die Weinblätter unter kaltem Wasser abspülen und trockentupfen. Das Keimöl in einer Pfanne erhitzen, das Lammhack (frisches Fleisch im Blitzhacker zerkleinern) darin kräftig anbraten. Dabei mit einer Gabel lokkern. Den gehackten Knoblauch (oder die Knoblauchpaste), die Gewürze, das Tomatenmark und die Pinienkerne hinzufügen, abkühlen lassen. Den Schafskäse fein würfeln, 80 g unter das Hackfleisch rühren.
Die Teigquadrate mit Weinblättern belegen, dabei einen etwa 1 cm breiten Rand freilassen. Auf eine Hälfte das Hackfleisch geben. Die Teigränder mit kaltem Wasser bestreichen, zusammenklappen und leicht andrükken. Jedes Paket mit einer Gabel dreimal einstechen, damit der Dampf entweichen kann. Auf ein mit kaltem Wasser angefeuchtetes Backblech setzen. Das Eigelb mit 1 TL Wasser verrühren und die Päckchen damit bestreichen. Kreuzweise mit den schmalen Teigstreifen belegen. Auch die Streifen mit Eigelb bestreichen. Im vorgeheizten Backofen bei 200–220 Grad (Gas Stufe 3–4) 20–30 Minuten backen. Mit den restlichen Schafskäsewürfelchen bestreuen.
Für die Sauce den Sahne-Joghurt mit dem Salz, dem Tabasco, dem Zucker, den gehackten Knoblauchzehen (oder der Knoblauchpaste), den fein geriebenen Gurken und dem Zitronensaft verrühren und bis zum Servieren kühl stellen.

Kartoffelstrudel mit Kümmelsahne

Für den Teig:
150 g Mehl
40 g Speisestärke (Mondamin)
20 g Butter
1 kleines Ei
knapp ½ TL Salz
knapp ½ Tasse warmes Wasser

etwas flüssige Butter
100 g gehackte Sonnenblumenkerne

Für die Füllung:
1 kg Salatkartoffeln
125 g durchwachsener Speck
125 g Zwiebeln
½ TL Salz
Pfeffer aus der Mühle
50 g geriebener Käse
2 EL Öl (z. B. Mazola)
2 EL Semmelbrösel

Für die Sauce:
1 Glas Geflügel-Fond (Fertigprodukt)
100 g süße Sahne
2 Eigelb
2 cl Kümmelschnaps
1 TL Kümmel

Das Mehl und das Mondamin in eine Schüssel sieben. Die Butter schmelzen und darübergießen, das Ei verrühren und ebenfalls über das Mehl gießen, Salz und Wasser hinzufügen und alle Zutaten gut verrühren bis der Teig glatt ist. Es ist wichtig, den Teig mindestens 10 Minuten zu schlagen und zu kneten. Danach muß der Strudelteig 30 Minuten unter einer warmen Schüssel ruhen. Anschließend wird der Teig auf einem großen, leicht bemehlten Tuch ausgerollt, mit flüssiger Butter bestrichen und mit den Handrücken so dünn wie möglich auseinandergezogen. Falls der Teig reißt, kann man ihn mit einem Stück Teig wieder flicken. Den ausgezogenen Teig mit den gehackten Sonnenblumenkernen bestreuen.

Die Kartoffeln 15 Minuten lang kochen, pellen und nach dem Erkalten in dünne Scheiben schneiden. Den Speck würfeln und knusprig ausbraten, die gepellten Zwiebeln würfeln und kurz mit dem Speck dünsten, mit Salz und Pfeffer würzen, mit den Kartoffelscheiben mischen und mit dem Käse bestreuen. Diese Mischung auf dem Strudelteig verteilen (Ränder frei lassen).

Den Strudel von der Längsseite her aufrollen und mit der Nahtstelle nach unten auf ein mit Backpapier ausgelegtes Backblech legen. Die Oberfläche mit Öl bestreichen und mit Semmelbröseln bestreuen. Im vorgeheizten Backofen bei 200–220 Grad, Umluft 180–200 Grad (Gas Stufe 3–4) 25–35 Minuten backen.

In der Zwischenzeit den Geflügel-Fond auf großer Flamme um die Hälfte reduzieren, die Sahne mit den beiden Eigelb verrühren und langsam in den reduzierten Fond laufen lassen (er darf nicht mehr kochen, sonst gerinnt das Eigelb). Die sämige Sauce mit Kümmelschnaps aromatisieren und den leicht zerquetschten Kümmel dazugeben. Die Sauce vor dem Servieren mit dem elektrischen Handrührgerät schaumig aufschlagen.

Foto rechts

Feiner Wirsing-Hackfleisch-Strudel

Strudelteig s. S. 102 (Apfelstrudel)

Für die Füllung:
6 EL Semmelbrösel
600 g geputzter Wirsing, ohne Strunk
Salz
Muskat
30 g flüssige Butter
2 EL Keimöl
300 g Rinderhack
100 g frische Champignons
1 TL Senf
Salz
Pfeffer aus der Mühle
50 g durchwachsener Speck
200 g Zwiebeln
2 EL flüssige Butter
1–2 TL edelsüßes Paprikapulver

Den Strudelteig wie auf S. 102 beschrieben herstellen, hauchdünn ausrollen und mit den Semmelbröseln bestreuen.

Den geputzten und halbierten Wirsing in 1 cm breite Streifen schneiden. 2 l Wasser mit Salz und Muskat würzen, die Kohlstreifen darin 5 Minuten kochen, dann abtropfen lassen. Die Kohlstreifen in einem Gefäß mit der flüssigen Butter beträufeln, mischen. Das Keimöl in der Pfanne erhitzen, das Hackfleisch darin scharf anbraten und mit einer Gabel lockern. Die geputzten Pilze in sehr dünne Scheiben schneiden und zum Hack geben, mischen. Mit Senf, Salz und Pfeffer würzen. Den Speck sehr fein würfeln, ebenso die geschälten Zwiebeln. Beides in die Pfanne zum Hackfleisch geben und weitere 3 Minuten erhitzen.

Den Kohl möglichst in Längsstreifen auf den Teig legen, das abgekühlte Hackfleisch darüber verteilen. Den Strudel mit Hilfe des Tuchs aufrollen. Die Seiten nach innen schieben, damit die Füllung nicht ausläuft. Mit der Nahtseite nach unten auf ein mit Backpapier ausgelegtes Backblech setzen. Mit der flüssigen Butter bestreichen. Im vorgeheizten Backofen bei 200–220 Grad, Umluft 180–200 Grad (Gas Stufe 3–4) 40–50 Minuten backen. Vor dem Servieren mit Paprikapulver bestäuben.

- Als pikante Füllung schmecken auch 700 g Porree (Lauch), in feine Ringe geschnitten, gemischt mit 200 g gewürfeltem gekochten Schinken, 150 g geriebenem Gouda und einem grob gehackten Apfel und 2 gehackten harten Eiern.

Apfelstrudel mit Rosinen und Nüssen

Für den Teig:
250 g Mehl
3–4 EL Keimöl oder 30–40 g Butter
knapp ½ TL Salz
⅛ l warmes Wasser

4–6 EL flüssige Butter oder Keimöl zum Bestreichen des Teigs

Für die Füllung:
50 g gemahlene Haselnüsse
1200 g Äpfel
80 g Zucker
1 Päckchen echter Vanillezucker
½ TL Zimt
100 g Rum-Rosinen (Fertigprodukt)
abgeriebene Schale einer unbehandelten Zitrone
50 g grob gehackte Haselnüsse
2 EL flüssige Butter
Puderzucker zum Bestäuben

Für den Teig alle Zutaten in einer Schüssel vermengen. Anschließend auf einer leicht bemehlten Unterlage so lange schlagen und kneten, bis der Teig elastisch ist und glänzt. Unter einer angewärmten Schüssel 30 Minuten ruhen lassen.
Ein großes Tuch leicht mit Mehl bestäuben, den Teig daraufgeben und ausrollen, von der Mitte zum Rand hin. Den ausgerollten Teig dünn mit der Butter oder dem Keimöl bestreichen. Anschließend den Teig mit den Handrücken Stück für Stück langsam dehnen, bis der Strudelteig hauchdünn ist. Die dicken Ränder werden abgeschnitten.
Die fein gemahlenen Haselnüsse auf den Teig streuen. Die Äpfel schälen, vierteln, das Kerngehäuse entfernen. Die Äpfel in sehr dünne Schnitze schneiden. In einer Schüssel mit dem Zucker, dem Vanillezucker, dem Zimt, den Rosinen, der Zitronenschale und den grob gehackten Haselnüssen mischen. Auf den Teig ausbreiten. Dabei einen 3 cm breiten Rand nicht belegen. Den Strudel mit Hilfe des Tuchs aufrollen, die Enden nach innen schlagen, damit die Füllung nicht ausläuft. Den Strudel mit der Nahtstelle nach unten auf ein mit Backpapier ausgelegtes Backblech setzen. Den Strudel mit der flüssigen Butter bestreichen. Im vorgeheizten Backofen bei 200 bis 220 Grad, Umluft 180–200 Grad, (Gas Stufe 3–4) 20 Minuten backen, anschließend die Temperatur um 20 Grad verringern und weitere 20–25 Minuten backen.
Vor dem Servieren dick mit Puderzucker bestreuen. Wie alle Strudel, schmeckt auch dieser am besten warm.

Rhabarber-Erdbeer-Strudel

Strudelteig s. S. 102 (Apfelstrudel)

<u>Für die Füllung:</u>
6 EL Zwiebackbrösel
½ TL Zimt
1 kg Rhabarber
500 g Erdbeeren
50 g gehackte Pinienkerne
50 g gehackte Pistazien
50 g gehackte Mandeln
100 g Rohrzucker (aus dem Reformhaus)
2 EL Butter
1 EL Zwiebackbrösel
Puderzucker zum Bestäuben

Den Strudelteig wie auf S. 102 beschrieben herstellen und hauchdünn ausrollen, mit den Zwiebackbröseln und Zimt bestreuen.
Den Rhabarber putzen, waschen und in mundgerechte Stücke schneiden. Ebenso die Erdbeeren. Das Obst mit den Nüssen und dem Rohrzucker in einer Schüssel mischen. Den Strudel damit belegen und einen Rand von 3 cm freilassen. Den Strudel mit Hilfe des Tuchs aufrollen. Die Seiten nach innen stecken, damit die Füllung nicht auslaufen kann. Mit der Nahtstelle nach unten auf ein mit Backpapier ausgelegtes Backblech setzen. Mit der flüssigen Butter bestreichen und mit den Zwiebackbröseln bestreuen. Im vorgeheizten Backofen bei 200–220 Grad, Umluft 180–200 Grad (Gas Stufe 3–4) 30–40 Minuten backen.
Vor dem Servieren mit Puderzucker bestreuen. Dazu schmecken Vanilleeis und geschlagene Sahne.

Quarkstrudel mit Kirschen

Strudelteig s. S. 102 (Apfelstrudel)

<u>Für die Füllung:</u>
40 g fein gemahlene Mandeln
30 g weiche Butter
60 g Zucker
1 Päckchen echter Vanillezucker
1 Prise Salz
250 g abgetropfter, magerer Quark
1 EL Crème fraîche
abgeriebene Schale unbehandelten Zitrone
2 Eier (Gew.-Kl. 2)
300 g entkernte Sauerkirschen (eingemacht oder frisch)
1–2 EL Zucker
40 g Mandelblättchen
2 EL Butter
Puderzucker oder Zimtzucker zum Bestreuen

Den Strudelteig wie auf S. 102 beschrieben herstellen und ausrollen. Mit den fein gemahlenen Mandeln bestreuen.
Die Butter mit dem Zucker, dem Vanillezucker und dem Salz schaumig rühren. Den Quark durch ein Sieb streichen und mit der Crème fraîche und der Zitronenschale zur Butter-Zucker-Masse geben und gut mischen. Die Eier trennen. Das Eigelb zur Quarkmasse geben und verrühren. Das Eiweiß sehr steif schlagen. Unter die Quarkmasse heben und auf den Teig streichen.
Die abgetropften Kirschen in die Quarkmasse drücken. Mit dem Zucker bestreuen. (Bei eingemachten Kirschen weniger Zucker nehmen.) Die Mandeln in einer Pfanne ohne Fett goldgelb rösten, abkühlen lassen und über die Kirschen streuen. Den Strudel mit Hilfe des Tuchs aufrollen. Mit der Nahtstelle nach unten auf ein mit Backpapier ausgelegtes Backblech legen, mit der flüssigen Butter bestreichen. Im vorgeheizten Backofen bei 200–220 Grad, Umluft 180–200 Grad (Gas Stufe 3–4) 30–40 Minuten backen.
Vor dem Servieren mit Puderzucker oder Zimtzucker bestreuen.

Pizza, Quiche und Tarte

Würzige Mini-Pizza

<u>Für den Hefeteig:</u>
250 g Weizenmehl (Type 550)
½ Würfel Hefe
1 Prise Zucker
etwa ½ Tasse lauwarmes Wasser
3 EL Keimöl oder Olivenöl
½ TL getrocknete Kräuter der Provençe
1 kräftige Prise Salz

Butter für die Form

<u>Für den Belag:</u>
1 Packung Tomato al Gusto mit Champignons
12 schwarze Oliven
60 g Mailänder Salami
100 g frische Champignons
100 g getrocknete Tomaten in Öl (in italienischen Lebensmittelgeschäften)
frischer oder getrockneter Thymian
50 g geriebener Parmesan
125 g Mozzarella-Käse
Keimöl oder Olivenöl

Das Mehl in eine Schüssel geben, mit dem Kochlöffel eine Mulde hineindrücken und die Hefe hineinbröckeln, mit dem Zucker bestreuen. Mit etwas lauwarmen Wasser den Vorteig anrühren. Die Schüssel mit einem Küchentuch abdecken und an einem warmen Ort 10 Minuten gehen lassen. Den Vorteig mit etwas Mehl bestäuben und die restlichen Zutaten in die Schüssel geben und alles gründlich kneten, bis der Teig elastisch ist und glänzt. Die Schüssel mit etwas Mehl bestäuben und die Teigkugel hineinsetzen, abdecken und an einem warmen Ort 30 Minuten gehen lassen. Anschließend den Teig in zwölf

gleichgroße Teile teilen. Die Mini-Pizza-Form gut mit weicher Butter einfetten und kühl stellen. Aus dem Teig zwölf 8 cm große Pizzen formen. Die Teigfladen in die Pizza-Form drücken. Tomato al Gusto in ein Sieb geben und abtropfen lassen, auf die zwölf Pizzen verteilen. Oliven entkernen, die Salami fein würfeln, Champignons putzen und in dünne Scheiben schneiden, getrocknete Tomaten abtropfen lassen und in zwölf Stücke schneiden, von dem frischen Thymian die Blättchen abzupfen (oder getrockneten Thymian verwenden), den Parmesankäse bereitstellen, den Mozzarella abgießen und ebenfalls in zwölf Stücke teilen. Alle Zutaten für den Belag in dieser Reihenfolge in die Mini-Pizzen legen. Zum Schluß jede Mini-Pizza mit 1 TL Öl beträufeln.
Im vorgeheizten Backofen auf der untersten Stufe bei 200 Grad, Umluft 180 Grad, (Gas Stufe 3) 20–25 Minuten backen.

- Schneller geht's mit 1 Beutel »Fix-Teig für Pizza und Gemüsekuchen«.

Foto links

Calzone mit Gemüse und Lamm-Hack

Für den Hefeteig:
450 g Weizenmehl (Type 550)
40 g Hefe
1 TL Zucker
knapp ¼ l lauwarmes Wasser
1 TL Salz
4 EL Keimöl oder Olivenöl

Für die Füllung:
3 EL oder Olivenöl
300 g Lamm-Hack (oder Rinderhackfleisch)
1 Zwiebel
2 Knoblauchzehen
2 Packungen Tomato al Gusto mit Basilikum
100 g gekochte grüne Bohnen
1 Bund glatte Petersilie
50 g Pinienkerne
Salz
Pfeffer aus der Mühle
100 g griechischer Schafskäse
1 Eigelb

Das Mehl in eine Schüssel geben, mit einem Kochlöffel in die Mitte eine Mulde drücken, die Hefe hineinbröckeln, mit dem Zucker bestreuen und mit etwas lauwarmen Wasser den Vorteig anrühren. Die Schüssel abdecken und den Teig 10 Minuten an einem warmen Ort gehen lassen. Den Vorteig mit etwas Mehl bestäuben, die restlichen Zutaten in die Schüssel geben und alles gut und gründlich kneten, bis der Teig elastisch ist und glänzt. Die Schüssel mit etwas Mehl bestäuben, die Teigkugel hineinsetzen, abdecken und an einem warmen Ort 1 Stunde gehen lassen.

Den Teig anschließend in vier Teile schneiden und in vier gleich große Kreise von etwa 26 cm Durchmesser ausrollen.
Für die Füllung das Öl in einer großen Pfanne erhitzen, das Hack hinzufügen und braun braten, zwischendurch mit einer Gabel lockern. Die Zwiebel pellen und kleinschneiden, zum Fleisch geben, ebenso die geschälten und klein gehackten Knoblauchzehen. Tomato al Gusto in einem Sieb abtropfen lassen und in die Pfanne zum Fleisch geben, einmal aufkochen lassen. Die gekochten grünen Bohnen, die gewaschene und grob gehackte Petersilie, die Pinienkerne und die Gewürze hinzufügen. Die Füllung so lange kochen, bis die gesamte Flüssigkeit verdampft ist, abkühlen lassen.
Von der Füllung je ein Viertel auf eine Hälfte der ausgerollten Pizzen geben, mit gewürfeltem Schafskäse bestreuen. Die Teigränder mit etwas lauwarmen Wasser bestreichen, die leere Teighälfte über die Füllung klappen und die Teigränder gut andrücken.
Das Eigelb mit 1 EL Wasser verrühren und die Pizzataschen damit bestreichen.
Ein Backblech mit Backpapier auslegen und die vier Pizzataschen darauf setzen. Im Backofen auf der untersten Stufe bei 200–220 Grad, Umluft 180–200 Grad (Gas Stufe 3–4) 20–25 Minuten backen.

- Wer keine Zeit für die Zubereitung des Teigs hat, probiert die Pizzataschen mit 2 Beuteln »Fix-Teig für Pizza und Gemüsekuchen«.

Foto links

Feiner Gemüsekuchen mit Krabben

<u>*Für den Hefeteig:*</u>
200 g Magerquark
370 g Weizenmehl (Type 550)
30 g Hefe
1 TL Zucker
5 EL lauwarmes Wasser
7 EL Keimöl (oder Olivenöl)
½ TL Salz
1 TL feingehackter Dill (frisch oder TK-Produkt)

Butter für die Form

<u>*Für den Belag:*</u>
400 g Brokkoli
1 Prise Salz
1 Tasse grüne Erbsen (TK-Produkt)
2 Packungen Tomato al Gusto mit Zwiebeln
250 g Nordseekrabben (oder Tiefsee-Shirmps)
1 Bund glatte Petersilie
200 g Crème fraîche
200 g grob geriebener junger Gouda
Knorr Aromat
2 Eier (Gew.-Kl. 2)
1 Eigelb
2 EL Semmelbrösel
2 EL gehackte Mandeln
2 EL Butter

Den Quark in einem Sieb mindestens 30 Minuten abtropfen lassen. Inzwischen das Mehl in eine Schüssel geben, mit dem Kochlöffel eine Mulde hineindrücken und die Hefe hineinbröckeln, mit Zucker bestreuen und mit 5 EL lauwarmem Wasser den Vorteig anrühren. Die Schüssel abdecken und den Teig an einem warmen Ort 10 Minuten gehen lassen. Den Vor-

teig mit etwas Mehl bestäuben, die restlichen Zutaten hinzufügen und alles gut und gründlich kneten (falls der Teig zu trocken sein sollte, noch etwas warmes Wasser dazugeben). Der fertige Teig ist glatt und elastisch. Die Schüssel mit etwas Mehl ausstreuen, die Teigkugel hineinsetzen, abdecken und nochmals 30 Minuten an einem warmen Ort gehen lassen. Eine Springform (Durchmesser 32 cm) gut mit weicher Butter einfetten. Den gegangenen Teig auf einem leicht bemehlten Brett ausrollen und in die Form legen, einen 4 cm hohen Rand ziehen. Vor dem Backen sollte der Teig nochmals 30 Minuten ruhen.

Für die Füllung zunächst den Brokkoli putzen, waschen und in kleine Röschen teilen. In Salzwasser 10 Minuten leise kochen lassen. Die Erbsen ebenfalls in wenig Salzwasser knapp gar kochen und abkühlen lassen. Tomato al Gusto in einem Sieb abtropfen lassen. Die Tomatensauce auf dem Hefeteig verstreichen, Brokkoliröschen und die Erbsen darübergeben, anschließend die Krabben auf dem Gemüse verteilen. Die gewaschene Petersilie grob hacken und über den Belag streuen. Die Crème fraîche verrühren, den grob geriebenen Käse, Aromat, Eier und Eigelb dazugeben und gut mischen. Die Mischung über den Kuchen gießen, mit Semmelbröseln und gehackten Mandeln bestreuen und einige Butterflöckchen obendrauf setzen. Im vorgeheizten Backofen bei 190–200 Grad, Umluft 160–180 Grad, (Gas Stufe 2–3) 55–65 Minuten backen.

- Statt mit Quark-Öl-Teig können Sie diesen pikanten Kuchen auch mit zwei Beuteln »Fix-Teig für Pizza und Gemüsekuchen« oder »Fix-Teig Vollkorn« zubereiten.

  Die Krabben können Sie durch gekochten Schinken oder gegartes Hühnerfleisch ersetzen. *Foto links*

Speckkuchen vom Blech mit Haselnüssen und Salbei

Für den Hefeteig:
500 g Weizenmehl (Type 550)
1 Würfel Hefe
1 TL Zucker
1 kräftige Prise Salz
4 EL Keimöl
knapp ¼ l lauwarmes Wasser
300 g durchwachsener Speck

Butter für das Backblech

Für den Belag:
50 g gehackte Haselnüsse
3 EL frische Salbeiblätter
(oder getrockneter Salbei)
3–4 EL Olivenöl
etwas grobes Salz
grob gemahlener Pfeffer

Das Mehl in eine Schüssel sieben. Mit einem Kochlöffel eine Mulde hineindrücken und die Hefe hineinbröckeln. Mit dem Zucker bestreuen und mit etwas lauwarmen Wasser den Vorteig anrühren. Abdecken und an einem warmen Ort 10 Minuten gehen lassen. Anschließend mit etwas Mehl bestäuben, das Salz, Öl und lauwarmes Wasser (etwas Wasser zurückbehalten) hinzufügen. Den Teig so lange kräftig kneten, bis er glänzt und elastisch ist. Falls der Teig zu trocken ist, noch etwas Wasser zugießen. Zurück in die Schüssel legen und an einem warmen Ort 30 Minuten gehen lassen. Inzwischen den Speck klein würfeln und in einer Pfanne knusprig braten, zum Abtropfen auf Kuchenpapier legen. Die abgekühlten Speckwürfel unter den gegangenen Teig kneten.

Ein Backblech einfetten. Den Teig zwischen Klarsichtfolie ausrollen und aufs Backblech legen. Nochmals 30 Minuten gehen lassen. Anschließend mit dem Kochlöffelstiel in gleichmäßigen Abständen Löcher in den Teig drükken. Mit den Haselnüssen bestreuen. Die Salbeiblätter je nach Größe ganz lassen, halbieren oder vierteln. Auf den Teig legen. Den Kuchen mit dem Olivenöl beträufeln und leicht mit grobem Salz bestreuen. Im vorgeheizten Backofen bei 200–220 Grad (Gas Stufe 3–4) 25–35 Minuten backen. Mit Pfeffer bestreuen.
Der Speckkuchen schmeckt am besten warm.

Käse-Boote

Für den Hefeteig:
350 g Weizenmehl (Type 550)
½ Würfel Hefe
1 TL Zucker
gut ⅛ l lauwarmes Wasser
½ TL Salz
2 EL Keimöl
Mehl zum Bestäuben

Für die Füllung:
250 g Schafskäse
1 Ei (Gew.-Kl. 2)
1 Eigelb
Salz
Pfeffer aus der Mühle
20 g gehackte Walnüsse
8 schwarze Oliven
1 TL getrockneter Thymian
2–3 EL Keimöl oder Olivenöl

Das Mehl in eine Schüssel geben, mit dem Kochlöffel eine Mulde hineindrücken und die Hefe hineinbröckeln, mit dem Zucker bestreuen und mit 4 EL lauwarmem Wasser den Vorteig anrühren, mit einem Küchentuch abdecken und 10 Minuten gehen lassen. Den Vorteig mit etwas Mehl bestäuben, die restlichen Zutaten dazugeben und zu einem festen Teig verarbeiten. Nur so viel Wasser zum Teig geben wie nötig. Die Schüssel mit etwas Mehl bestäuben, den Teig hineingeben, abdecken und nochmals an einem warmen Ort 30 Minuten gehen lassen. Den Teig in acht bis zehn Stücke teilen und ausrollen. Die Ränder dabei etwas hochziehen, damit das Gebäck gut gefüllt werden kann.
Für die Füllung den Schafskäse mit einer Gabel zerdrücken. Das Ei und Eigelb mit Salz und Pfeffer verrühren und mit dem Schafskäse mischen. Die Walnüsse darüberstreuen. Die Oliven entsteinen und grob hacken, ebenfalls zum Käse geben, mit dem Thymian würzen. Diese Masse in die Boote füllen und mit etwas Öl beträufeln.
Das Gebäck auf ein mit Backpapier ausgelegtes Backblech setzen und im vorgeheizten Backofen bei 180–200 Grad, Umluft 160–200 Grad (Gas Stufe 2–3) 25–35 Minuten backen.
Das Käsegebäck schmeckt warm am besten. *Foto rechts*

Leber-Salbei-Rolle

Für den Hefeteig:
200 g Weizenmehl (Type 550)
½ Würfel Hefe
1 TL Zucker
gut ⅛ l lauwarme Buttermilch
1 kräftige Prise Salz
3 EL Keimöl

Für die Füllung:
2 EL Öl
1 Zwiebel, fein gehackt
200 g Geflügelleber
2 cl weißer Portwein (oder Wermut)
Salz
Pfeffer aus der Mühle
1 EL frische Salbeiblätter (oder 1/2 TL getrockneter Salbei)
1 Apfel
1 EL Crème double
1 EL Milch (oder Sahne oder Dosenmilch)
einige Salbeiblätter

Das Mehl in eine Schüssel sieben. Mit einem Kochlöffel eine Mulde hineindrücken und die Hefe hineinbröckeln. Mit dem Zucker bestreuen und mit etwas Buttermilch den Vorteig anrühren. Die Schüssel abdecken und an einem warmen Ort 10 Minuten gehen lassen. Den Vorteig mit etwas Mehl bestäuben, die restlichen Zutaten hinzufügen und alles gut verkneten. Die glänzende und elastische Teigkugel zurück in die bemehlte Schüssel legen, abdecken und an einem warmen Ort 30 Minuten gehen lassen.
Das Öl in einer Pfanne erhitzen, die Zwiebelwürfel darin 3 Minuten andünsten, dann die geputzte Leber hinzufügen und 5 Minuten auf kleiner Flamme braten. Zum Schluß den Portwein (oder den Wermut) dazugeben, aufkochen lassen, salzen und pfeffern. Die etwas abgekühlte Leber fein hacken. Die Salbeiblätter je nach Größe klein schneiden. Den Apfel schälen, vierteln, das Kerngehäuse entfernen. Den Apfel in dünne Spalten schneiden. Die gehackte Leber mit dem Salbei, den Apfelspalten und der Crème double mischen.
Den Teig zwischen Klarsichtfolie zu einem Rechteck (35 × 25 cm) ausrollen. Die Lebermasse darauf streichen, dabei einen 4 cm breiten Rand frei lassen. Von der Längsseite her ausrollen. Ein Backblech mit Backpapier auslegen und die Rolle mit der Nahtstelle nach unten aufs Backblech legen. Den Teig vor dem Backen nochmals 30 Minuten gehen lassen. Im vorgeheizten Backofen bei 180–200 Grad (Gas Stufe 3) 30–40 Minuten backen.
Mit Milch bestreichen und mit den Salbeiblättern belegen.

Sellerie-Apfel-Kuchen mit Walnüssen

Für den Hefeteig:
250 g Weizenmehl (Type 550)
½ Würfel Hefe
1 TL Zucker
6 EL warmes Wasser
140 g Magerquark
3–4 EL lauwarme Milch
4 EL Keimöl
1 kräftige Prise Selleriesalz

Butter für die Form

Für den Belag:
1 Sellerieknolle (ca. ½ kg)
2 Äpfel
5 Scheiben Ananas (aus der Dose)
1 EL Zitronensaft
100 g grob gehackte Walnüsse
1 Becher Natur-Joghurt
200 g saure Sahne
1 Ei (Gew.-Kl. 2)
1 Eigelb
Salz
einige Tropfen Tabasco

Das Mehl in eine Schüssel sieben. Mit einem Kochlöffel eine Mulde drücken und die Hefe hineinbröckeln. Mit dem Zucker bestreuen und mit 6 EL lauwarmem Wasser den Vorteig anrühren. Die Schüssel abdecken und an einem warmen Ort 10 Minuten gehen lassen. Anschließend den Vorteig mit Mehl bestäuben und mit den restlichen Zutaten zu einem glänzenden, elastischen Teig verarbeiten. Die Teigkugel zurück in die Schüssel legen und an einem warmen Ort 30 Minuten gehen lassen. Eine Springform (Durchmesser 32 cm) oder eine ähnli-

che Form einfetten, kühl stellen. Den gegangenen Teig zwischen Klarsichtfolie ausrollen und in die Form legen, einen Rand hochziehen. Den Teig nochmals 30 Minuten gehen lassen.
Die Sellerieknolle halbieren und schälen, mittelfein raspeln. Die geschälten Äpfel grob raspeln. Die abgetropften Ananasscheiben klein schneiden. Alles mit dem Zitronensaft und den Walnüssen mischen. Die Hälfte davon in die Form geben. Die restlichen Zutaten verrühren und die Hälfte auf den Belag geben. Den restlichen Belag darüber geben, mit der zweiten Hälfte des Gusses abdecken. Im vorgeheizten Backofen bei 180–200 Grad, Umluft 160–180 Grad (Gas Stufe 2–3) 25–30 Minuten backen. Schmeckt warm und kalt.

- Die Sellerieknolle kann auch 20 Minuten gekocht und dann kleingeschnitten werden.

Spargel-Quiche mit Frischkäse

Für den Mürbeteig:
300 g Weizenmehl (Type 550)
120 g kalte Butter
1 Ei (Gew.-Kl. 2)
1 kräftige Prise Salz
2 EL fein gehackte Petersilie

Butter für die Form

Für den Belag:
800 g Spargel (weißen, grünen oder gemischten)
Salz
1 Prise Zucker
1 TL Butter
1 Scheibe Zitrone
1 Stengel Petersilie
50 g gekochten Schinken (nach Geschmack)
2 Becher Kräuter-Frischkäse
⅛ l Milch
1 Ei (Gew.-Kl. 2)
1 Bund Kerbel (oder Petersilie), gehackt
einige Tropfen Tabasco
Muskatnuß

Für den Teig alle Zutaten rasch miteinander verkneten und 30 Minuten kühl stellen. Anschließend zwischen Klarsichtfolie ausrollen. Eine Quiche-Form (oder ähnliches, Durchmesser etwa 28 cm) einfetten und kühl stellen. Den Teig hineinlegen. Überschüssigen Teig abschneiden. Den Teigboden mit einer Gabel mehrmals einstechen. Zwei Bogen Pergamentpapier auf den Teig legen und mit Hülsenfrüchten belegen.
In den vorgeheizten Backofen schieben und bei 200 Grad, Umluft 180 (Gas Stufe 3) 10 Minuten blindbacken. Das Papier mit den Hülsenfrüchten entfernen.
Den Spargel schälen (beim grünen Spargel nur das untere Drittel). 2½ Liter Wasser mit Salz, Butter, Zucker, Zitrone und Petersilie zum Kochen bringen. Den Spargel 15 Minuten darin kochen. Dann abtropfen lassen. Den Schinken in dünne Streifen schneiden. Den Frischkäse mit der Milch, dem Ei, dem Kerbel (oder der Petersilie) verrühren. Mit Tabasco und etwas frisch geriebener Muskatnuß würzen. Zwei Drittel dieser Masse auf den vorgebackenen Teigboden löffeln. Den Spargel von der Mitte aus speichenförmig darauflegen. Mit dem Schinken bestreuen. Die restliche Käsecrème darüber verteilen. Im vorgeheizten Backofen bei 190–210 Grad, Umluft 170–190 Grad (Gas Stufe 3–4) 20–30 Minuten backen.

Rosenkohlkuchen mit Schinken

Für den Mürbeteig:
250 g Weizenmehl (Type 550)
120 g kalte Butter, 1 Eigelb
gut 1 Messerspitze Salz
2–3 EL Eiswasser

Butter für die Form

Für die Füllung:
750 g Rosenkohl
Salz
frisch geriebene Muskatnuß
100 g gekochter Schinken, gewürfelt
200 g Crème fraîche
2 Eier (Gew.-Kl. 2)
2 gestrichene EL Speisestärke (Mondamin)
Salz, Pfeffer aus der Mühle

Für den Teig alle Zutaten rasch verkneten und mindestens 1 Stunde kühl stellen. Den Rosenkohl putzen und waschen, in wenig Salzwasser 10 Minuten garen und abgießen. Mit Muskatnuß würzen. Ein Drittel des Rosenkohls pürieren. Den Rosenkohl und das Püree mit den Schinkenwürfeln mischen. Crème fraîche mit den Eiern und dem Mondamin gut verrühren, mit Salz und Pfeffer würzen, mit der Rosenkohl-Schinken-Mischung vermengen.
Teig zwischen Klarsichtfolie dünn ausrollen. Eine Springform leicht mit Butter einfetten, den Teig hineindrücken und einen 3 cm hohen Rand formen. Die Füllung auf den Kuchenboden geben, im vorgeheizten Backofen bei 180–200 Grad, Umluft 160–180 Grad (Gas Stufe 2–3) 40–45 Minuten backen.

Foto rechts

Spinat-Quiche mit schwarzen Oliven

Für den Mürbeteig:
280 g Weizenmehl (Type 550)
140 g kalte Butter
1 kräftige Prise Salz
6–8 EL Eiswasser

Butter für die Form

Für den Belag:
1000 g junger Spinat (oder 600 g TK-Blattspinat)
Salz
Pfeffer aus der Mühle
Muskatnuß
1 Prise Zucker
1 Tl Zitronensaft
1 gehackte Knoblauchzehe
2 EL Olivenöl
1 Ei (Gew.-Kl. 2)
1 Eigelb
200 g Crème fraîche
125 g schwarze entkernte Oliven
50 g Pinienkerne

Für den Teig alle Zutaten rasch zu einem Mürbeteig verarbeiten. Für das Eiswasser schmelzen Sie einfach zwei Eiswürfel. Falls der Teig zu trocken ist, geben Sie noch etwas Eiswasser dazu. Den Teig zu einer Kugel formen und mindestens 2 Stunden kühl stellen (am besten über Nacht).
Den Teig zwischen Klarsichtfolie dünn ausrollen. Ein Springblech (Durchmesser 32 cm), eine Quicheform oder eine Springform (Durchmesser 28 cm) einfetten, kurz kühl stellen. Den Teig einfüllen. Je nach der Form, den überhängenden Teig abschneiden (bei einer Springform einen 3 cm hohen Rand ziehen). Den Teigboden mit einer Gabel mehrmals einstechen. Zwei Bogen Pergamentpapier auf den Teig legen und mit Hülsenfrüchten belegen. Im vorgeheizten Backofen bei 200 Grad, Umluft 180 Grad (Gas Stufe 3) 10 Minuten blindbacken. Das Papier mit den Hülsenfrüchten danach wieder entfernen.
Den frischen Spinat putzen und waschen. In einem großen Topf auf hoher Flamme zusammenfallen lassen. Tiefgekühlten Spinat auftauen lassen. Überschüssige Flüssigkeit gut ausdrücken. Den Spinat kräftig würzen und mit dem Olivenöl verrühren. Das Ei, das Eigelb und die Crème fraîche mischen und zum Spinat geben. Auf der abgekühlten Quiche verstreichen. Die entkernten Oliven in die Spinatmasse drücken. Mit den Pinienkernen bestreuen. Im vorgeheizten Backofen bei 180–200 Grad, Umluft 160–180 Grad (Gas Stufe 3) 25–35 Minuten backen. Warm servieren.

- Das Blindbacken hat den Vorteil, daß der feuchte Belag den mürben Teigboden nicht durchweichen kann. Die Hülsenfrüchte können Sie in einem Glas aufbewahren und immer wieder zum Blindbacken verwenden.
  Besonders aromatisch schmecken die gesalzenen und getrockneten schwarzen Oliven (der Fachmann spricht bei diesem besonderen Herstellungsverfahren von »Façon greque«; vom griechischen Stil; die Oliven dafür kommen meist aus Marokko). Sie werden in Gläsern angeboten.

Curry-Torte mit Huhn und Cashewkernen

Für den Mürbeteig:
125 g Weizenmehl (Type 550)
75 g Speisestärke (Mondamin)
1 Eigelb
130 g kalte Butter
1 kräftige Prise Salz
½ TL Curry-Pulver
3–4 EL eisgekühlter trockener Sherry (oder Eiswasser)

Butter für die Form

Für den Belag:
100 g halbierte Cashewkerne
1 Hähnchenbrust-Filet (etwa 200 g) oder 200 g gegartes Geflügelfleisch
1 EL Butter
Salz
Pfeffer aus der Mühle
2 cl trockener Sherry
1 kleine reife Mango (oder 5 Scheiben Ananas aus der Dose)
1 Bund Frühlingszwiebeln
250 g Crème double
1 Stückchen frischer Ingwer (oder eine kandierte Ingwerknolle)
1 EL Curry-Paste (Fertigprodukt von Lacroix) oder 1 EL Currypulver
1 EL Speisestärke (Mondamin)
1 Ei (Gew.-Kl. 2)
1 Eigelb
2 EL Kokosraspeln

Für den Teig alle Zutaten rasch zu einem Mürbeteig verarbeiten und 1 Stunde kühl stellen. Zwischen Klarsichtfolie ausrollen. Eine Springform (Durchmesser 28 cm) einfetten und kurz kühl stellen. Den Teig hineinlegen und einen gut 3 cm hohen Rand hochziehen. Den Teigboden mit einer Gabel mehrmals einstechen. Mit zwei

Bogen Pergamentpapier abdecken und mit Hülsenfrüchten belegen.
Im vorgeheizten Backofen bei 200 Grad, Umluft 180 Grad (Gas Stufe 3) 10 Minuten backen. Das Papier mit den Hülsenfrüchten entfernen.
Die Cashewkerne in einer Pfanne ohne Fett leicht rösten. Beiseite stellen. Das Hähnchenbrust-Filet säubern und in der Butter von beiden Seite je 3 Minuten auf kleiner Flamme anbraten, würzen und mit dem Sherry ablöschen. Das Fleisch in dem Sherry abkühlen lassen. Anschließend in sehr dünne Scheibchen schneiden. (Gegartes Geflügelfleisch wird klein geschnitten und mit dem Sherry übergossen.) Die Mango in Spalten vom Kern schneiden, schälen und würfeln. (Die Ananas klein schneiden.) Die Frühlingszwiebeln putzen (nur die weißen und hellgrünen Teile verwenden) und quer in feinste Scheiben schneiden. In einer Schüssel die Cashewkerne, das Fleisch, die Mango (oder Ananas) und die Frühlingszwiebeln mischen und auf den vorgebackenen Teig geben. Crème double mit dem fein geraspelten Ingwer, dem Curry, der Speisestärke, dem Ei und dem Eigelb verrühren. Über den Kuchen gießen. Mit den Kokosraspeln bestreuen. Im vorgeheizten Backofen bei 180–200 Grad, Umluft 160–180 Grad (Gas Stufe 2–3) 35–45 Minuten backen.

Käsewähe

Für den Mürbeteig:
280 g Weizenmehl (Type 550)
knapp ¼ TL Salz
120 g kalte Butter
20 g kaltes Schweineschmalz
6–8 EL Eiswasser

Butter für die Form

Für den Belag:
3 EL Keimöl
60 g durchwachsener Speck (nach Geschmack)
150 g Zwiebeln
¼ TL Rosenpaprikapulver (oder ½ TL Kümmel)
160 g Gruyère-Käse
160 g Appenzeller (oder Emmentaler-Käse)
250 g süße Sahne (oder saure Sahne)
Pfeffer aus der Mühle
frisch geriebene Muskatnuß
1 EL Speisestärke (Mondamin)
2 Eier (Gew.-Kl. 2)
1 Eigelb

Das Mehl mit dem Salz in eine Schüssel geben, die Butter und das Schmalz in Stücken darüber verteilen, 6 EL Eiswasser (geschmolzene Eiswürfel) darübergeben und alles rasch zu einem festen, glatten Teig verarbeiten. Falls der Teig zu trocken ist, noch etwas Eiswasser hinzufügen.
Den Teig zu einer Kugel formen, in Pergamentpapier einwickeln und für mindestens 1 Stunde kühl stellen.
Eine Springform (Durchmesser 28 cm) mit Butter einfetten. Den Teig 20 Minuten vor dem Ausrollen aus dem Kühlschrank nehmen. Den Teig zwischen Klarsichtfolie dünn zu einem Kreis ausrollen. Die Teigplatte am besten über den Ausroller legen, über die bereitgestellte Springform legen und hineindrücken. Den Teigboden mit einer Gabel mehrmals einstechen. Zwei Bogen Pergamentpapier auf den Teig legen und mit Hülsenfrüchten bestreuen.
Den Boden im vorgeheizten Backofen bei 200 Grad, Umluft 180 Grad (Gas Stufe 3) 10 Minuten blindbacken. Danach das Papier mit den Hülsenfrüchten wieder entfernen.
Für die Füllung das Öl in einer Pfanne erhitzen und den klein gewürfelten Speck daran knusprig braten, herausnehmen. Die Zwiebeln schälen und grob würfeln, in dem heißen Fett ungefähr 5 Minuten garen (nicht bräunen). Speckwürfel und Zwiebeln mischen und mit dem Paprikapulver oder mit Kümmel würzen. Beide Käsesorten grob reiben und mischen. Die Hälfte des Käses auf den Teig geben, darüber das Zwiebel-Speck-Gemisch geben, zum Schluß den restlichen Käse darüberstreuen.
Die Sahne mit den Gewürzen, dem Mondamin und den Eiern und dem Eigelb verrühren und über den Kuchen gießen. Im vorgeheizten Backofen bei 180–200 Grad, Umluft 160–180 Grad (Gas Stufe 2–3) 15–20 Minuten backen.
Die Käsewähe schmeckt am besten heiß aus dem Ofen oder noch warm.

Foto rechts

Verzeichnis der Rezepte